AF568806

Neue Köstlichkeiten

gebacken & gekocht
in Thüringer Tradition

Gudrun Dietze

Neue Köstlichkeiten

gebacken & gekocht in Thüringer Tradition

BuchVerlag
für die Frau

Foto S. 2:
vorderer Teller: Mohn-Bienenstich-Kuchen
hinterer Teller vorn: Quark-Pudding-Kuchen

Wenn nicht anders angegeben, beziehen sich die Kuchenrezepte auf ein Kuchenblech, die Tortenrezepte auf eine Springform 26 cm Ø.

Trotz gewissenhafter Bearbeitung kann eine Haftung für den Inhalt nicht übernommen werden.
Für aktuelle Ergänzungen und Anregungen ist der Verlag jederzeit dankbar.
Wir bedanken uns bei allen, die uns unterstützt haben.

Impressum

Gerichtsweg 28, 04103 Leipzig
Tel.: 0341 / 493574-0, Fax: 0341 / 493574-40
www.buchverlag-fuer-die-frau.de

Titelfoto und alle Innenfotos: Werbestudio Hämsch
Foto-Styling, Gesamtgestaltung, Satz, Layout: Lore Jacobi
Druck und Binden: JELGAVAS TIPOGRAFIJA
Printed in Latvia

4. Auflage 2021

ISBN 978-3-89798-394-6

Inhalt

6 Ohne Backen geht es nicht …

8 Kuchen und Gebäck

54 Torten für Genießer

70 Deftige Thüringer Landküche

94 Allerlei leckere Kleinigkeiten

108 Schnelle Nachspeisen

117 Rezeptverzeichnis

Ohne Backen geht es nicht ...

1993 erschien Gudrun Dietzes erstes Backbuch „Thüringer Festtagskuchen", 2013 gerade in 30. Auflage gedruckt, mittlerweile ein Klassiker der Thüringer Backkunst. Verlag und Autorin hätten nie gedacht, dass es zu einer solchen Erfolgsgeschichte wird, dass Jahr um Jahr das „blaue Thüringer Kuchenbuch" in Nachdrucken erscheint. Und dass Gudrun Dietze in schöner Regelmäßigkeit seit 1993 alle ein bis zwei Jahre ein Koch- und Backbuch herausbringt. Rund 1000 Rezepte sind es inzwischen, keines doppelt sich – genügend Stoff, um auch den umfangreichsten Haushalt mit ausreichend Rezepten zu versehen.

Dabei geht die Autorin mit großem Elan, Erfindungsreichtum und untrüglichem Gespür für den richtigen Geschmack bis heute auf kulinarische Spurensuche. Ein altes Landrezept ausgraben und wieder veröffentlichen – nicht bei Gudrun Dietze! Jede Rezeptur wird mehrfach erprobt, verändert, vorsichtig modernisiert (vor allem besser bekömmlich gemacht) und akribisch verfeinert. „Beim Backen kommt es aufs Gramm an" – ob 10 g Zucker mehr oder weniger, spielt in Gudrun Dietzes Rezepten sehr wohl eine Rolle. Vieles „erfindet" sie auch selbst und ist unermüdlich beim Ausprobieren.

Als schlichte Landfrauenrezepte möchte Gudrun Dietze, aus bodenständiger Bauernfamilie stammend, ihre Rezepturen nicht verstanden wissen. Wenn sie Traditionsrezepte aufgreift, dann arbeitet sie vieles daran um, damit die Rezeptur modernen Ansprüchen standhält – und trotzdem ganz thüringisch schmeckt! So ist eine Küchenbibliothek ganz

besonderer Art mit nunmehr zwölf Bänden entstanden, eine wohl einmalige Leistung für die Küche eines Landes, kulinarische Traditionspflege im besten Sinn …
Wie zeitgemäß bei allem Traditionsbewusstsein Gudrun Dietze arbeitet, zeigte sich in jedem ihrer bisher elf Bücher. Seien es die stark gefragten schnellen Rezepte für junge Leute und Familien, die nicht stundenlang am Herd stehen wollen und können, oder die Rezepte auch für kleine Mengen, die von Ein- und Zwei-Personen-Haushalten gewünscht werden: Gudrun Dietze hat diese Anregungen und Bedürfnisse brillant umgesetzt. So legte sie Gebäck mit Dinkelmehl vor und offeriert in diesem zwölften Buch im Backteil neben den beliebten trockenen und nassen Kuchen und neuen Torten diesmal auch mehrere Rezepte für Kuchenschnitten. Das Kuchenland Thüringen ist in seiner vielgerühmten Backtradition weit vielseitiger als sein „Blechkuchenruf". Diese Schnitten (mit und ohne Sahne) sind eher in der Mitte Thüringens zu Hause und heute weithin beliebt.
Gudrun Dietze gibt auch im neuen Buch wieder die bei ihren Lesern beliebten Tipps und Bemerkungen, die von der Praxis der versierten Kennerin der Hausbäckerei und Küche zeugen und so hilfreich sind für weniger Küchenerfahrene.
„Mit dem Essen spielt man nicht!" Diese kürzlich geäußerte Dietze-Weisheit enthält eine tiefe Wertschätzung für die Kostbarkeit unserer Nahrung, aus langer bäuerlicher Erfahrung geboren. Aber auch der gute Konditorspruch würde zu Gudrun Dietze passen: „Ohne Kuchen und Gebäck hat das Leben keinen Zweck!"
In diesem Sinn wünschen wir unserer Autorin noch viele appetitmachende Einfälle, Freude am Kochen und Backen und an den lebhaften Kontakten zu ihren zahlreichen treuen Lesern. Wir freuen uns über die mittlerweile 20jährige, so erfolgreiche Zusammenarbeit mit einer kreativen, zuverlässigen Autorin, wie man sie selten findet. Danke, liebe Gudrun Dietze!
Und Ihnen, liebe Leserinnen und Leser, wieder viel Freude beim Lesen und Ausprobieren. Bleiben Sie gespannt – es ist noch lange nicht alles gesagt …

September 2013

Christa Winkelmann
BuchVerlag für die Frau

Hefeteig Grundrezept

(für 1 Backblech)

80-100 g Margarine,
70 g Zucker, 1 Prise Salz,
350 g Mehl,
80-100 ml Milch,
20 g frische Hefe,
evtl. abgeriebene Zitronenschale

Weiche Margarine, Zucker und Salz gut verrühren. Mehl darüber sieben und mit der in lauwarmer Milch aufgelösten Hefe gut verkneten. Zugedeckt im Warmen 1 Stunde gehen lassen, nochmals gut durchkneten, ausrollen und nach dem jeweiligen Rezept weiter verarbeiten.

TIPP: *Gibt man ein Ei dazu, wird der Teig etwas stabiler. In dem Fall die Milchmenge etwas reduzieren. Ein guter Teig bei feuchten Fruchtbelägen.*

von links:
Aprikosenkuchen
Cappuccinokuchen
Rote Grütze-Kuchen
Schwarz-Weiß-Kuchen
Stachelbeer-Waldmeister-Kuchen
Ananaskuchen mit Kakaoteig
Mohn-Marzipan-Kuchen

Gärtnerinnenkuchen

(für 1/2 Kuchenblech oder
eine Springform 26 cm Ø)

Teig:

2 Eier,
100 g Staubzucker,
1 Prise Salz,
75 ml Öl,
100 ml Eierlikör,
75 g Mehl,
50 g Speisestärke,
1 TL Backpulver,
3 EL Kakao

Streusel:

150 g Mehl,
100 g Margarine,
75 g Zucker,
1 EL Wasser,
1 Päckchen Vanillezucker

Garnitur:

5 TL Zitronensaft,
1 TL Wasser,
1 geh. TL grüne Götterspeise,
3-4 geh. TL Staubzucker,
2 TL Hartfett,
kleine bunte, runde Zuckerstreusel

Eier, Staubzucker und Salz cremig schlagen. Öl mit Eierlikör, Mehl, Speisestärke, Backpulver und Kakao abwechselnd unterschlagen. Auf ein gut gefettetes Blech oder eine Tortenform streichen. Große, helle Streusel darüber zupfen. Dafür alle Streuselzutaten mit zerlassener Margarine verkneten. Backen.
Zitronensaft, heißes Wasser und Götterspeisepulver unter Rühren erwärmen, bis die Götterspeise aufgelöst ist. Mit Staubzucker und flüssigem Hartfett in 2 Minuten zu einem nicht zu dünnflüssigen Guss verrühren. Diesen löffelweise über den Kuchen verteilen. Von Teig und Streuseln sollen noch Teile zu sehen sein. Nun die bunten Streusel darüber verteilen.

Backzeit: 30 Minuten
Backhitze: 180 °C

Ein besonders schön aussehender Kuchen – dunkle Erde, grünes Gras, bunte Blümchen –, der durch den locker saftigen Boden und die knusprigen Streusel viele Tage frisch bleibt.

TIPP: Wer den Kuchen für Kinder ohne Eierlikör backen möchte, nimmt stattdessen 150 g Schmand mit 1 EL Zucker vermischt.

Johannisbeerkuchen

(Springform 26 cm Ø)

Hefe- oder Mürbeteig

(wie Seite 8 oder 30)

Belag:

2 Eier, 100 g Zucker,
1 Päckchen Vanillezucker,
500 g Magerquark,
25 g Weizengrieß (weich),
150 ml Schlagsahne, 3 EL Öl,
250 g rote Johannisbeeren,
1 Päckchen Tortenguss,
250 ml roter Saft

Teig wie gewohnt zubereiten und in einer Springform ausrollen. Eier mit Zucker und Vanillezucker etwas cremig schlagen. Quark, Grieß, Sahne und Öl kurz unterschlagen. Auf den Teig streichen und die frischen oder gefrosteten, gut abgetropften Beeren darüber streuen. Backen. Erkaltet einen nach Vorschrift zubereiteten Tortenguss darüber streichen. Johannisbeer-Abtropfsaft oder anderen roten Saft mit Wasser auf 250 ml auffüllen.

Backzeit: 45-50 Minuten
Backhitze: 180-200 °C

Sehr aromatisch saftiger Kuchen, der kühl gestellt auch einige Tage frisch bleibt. Für einen Blechkuchen die doppelte Menge nehmen.

Birnenkuchen

Teig:

150 g Margarine, 1 Ei,
100 g Zucker,
1 Päckchen Vanillezucker,
200 g Mehl,
1 leicht geh. TL Backpulver

Belag:

1 Dose Birnen,
250 ml Birnenabtropfsaft,
250 g rote Johannisbeeren,
1-2 EL Aprikosenkonfitüre,
1/2 Götterspeise Zitronenaroma

Weiche Margarine, Ei, Zucker und Vanillezucker dickcremig schlagen. Mehl mit Backpulver nach und nach langsam unterschlagen. Den kompakten Teig auf die Hälfte eines Kuchenblechs oder in eine Tortenform (26 cm Ø) streichen. Abgetropfte Birnenhälften in der Mitte halbieren und auf den Teig verteilen. Johannisbeeren frisch oder gefrostet in die Zwischenräume verteilen. Backen.
Die erhitzte Konfitüre über den heißen Kuchen pinseln. Zitronengötterspeise mit Birnenabtropfsaft herstellen und bei Gelierbeginn über den erkalteten Kuchen geben.

Backzeit: 25-30 Minuten
Backhitze: 200 °C

Butterkuchen

(für 1/2 Kuchenblech oder eine Springform 26 cm Ø)

Teig:

100 g Mehl,
125 g Dinkelmehl,
3/4 Päckchen Trockenhefe,
2 EL Zucker,
75 ml Öl,
50 ml Milch,
1 Ei

Belag:

125 g Butter,
100 g Zucker,
1 Päckchen Vanillezucker,
50 ml Milch,
100 g Mandelblättchen

Mehl, Dinkelmehl und Trockenhefe in einer Schüssel vermischen, eine Mulde eindrücken. Zucker, Öl und Milch in einem Töpfchen etwas erwärmen und in die Mehlmulde geben, mit dem Ei verrühren. Alles zu einem lockeren Teig verkneten. 30 Minuten zugedeckt ruhen lassen. Nun zusammenkneten, ausrollen und in eine Springform oder auf ein halbes Kuchenblech geben und nochmals gehen lassen, bis der Teig schön locker ist. Mit der Gabel mehrfach einstechen. Butter zerlassen und abkühlen lassen. Mit Zucker, Vanillezucker und Milch vermischen und die Hälfte auf den Kuchen streichen. Mandelblättchen darüber streuen und den Butterrest darüber verteilen. Backen.

Backzeit: 35-40 Minuten
Backhitze: 180 °C

Diesen Kuchen lieben die Männer!

TIPP: Noch heiß mit heißer Milch (ca. 50-75 ml) bepinseln, dann wird er richtig saftig.

Ananaskuchen

(für 1/2 Kuchenblech oder eine Springform 26 cm Ø)

Teig:

100 g Margarine,
75 g Staubzucker
2 Eier, 2 EL Milch,
100 g Mehl,
50 g Speisestärke,
1 TL Backpulver,
evtl. 1 EL Kakao

Belag:

1 mittelgroße Dose Ananas,
350 ml Abtropfsaft,
1 Päckchen Vanillepuddingpulver,
75 g Butter,
50 g feste Würfelmargarine

Margarine mit Staubzucker und 1 Ei gut verschlagen. Das zweite Ei und die Milch zugeben, alles cremig schlagen. Mehl und Speisestärke mit Backpulver nach und nach unterschlagen. Auf einem halben Blech oder in einer Tortenform (26 cm Ø) backen.
Ananas gut abtropfen lassen, in kleine Würfel schneiden und über Nacht nochmals abtropfen lassen. Ananassaft eventuell mit Wasser oder hellem Fruchtsaft auf 350 ml auffüllen und mit dem Puddingpulver einen Pudding kochen. Butter und Margarine cremig schlagen und den handwarmen Pudding löffelweise unterschlagen. Mit den Ananaswürfeln vermischen und auf den gebackenen Kuchen streichen. Kann mit Krokant bestreut oder mit einer Zitronengötterspeise abgeglänzt werden.

Backzeit: 20-25 Minuten
Backhitze: 180-200 °C

Ein feiner, saftiger Kuchen.

TIPP: *Wird unter den Teig 1 EL Kakao gemischt, hebt sich der helle Belag besonders gut ab.*

links: Ananaskuchen
rechts: Schwarz-Weiß-Kuchen

Schwarz-Weiß-Kuchen

Teig:
200 g Margarine,
175 g Zucker,
4 Eier,
4 EL Milch,
250 g Mehl,
3 EL Kakao,
1 TL Backpulver

Belag:
400 g Magerquark,
2-3 EL Zucker,
2 Päckchen Vanillezucker,
2 Päckchen Gelatine,
10 EL Wasser,
100 g Kokosraspeln,
400 ml Schlagsahne,
100 g Bitterschokoladenkuvertüre,
1 EL Öl

Margarine und Zucker verrühren, Eier nach und nach unterschlagen. Milch, Mehl, Kakao und Backpulver langsam nacheinander unterschlagen. Auf Backpapier auf einem Kuchenblech backen.
Quark mit Zucker und Vanillezucker verrühren. Gelatine in 10 EL Wasser gründlich auflösen und mit 2 EL Quarkmasse flott verrühren. Nun mit der gesamten Quarkmasse schnell mit dem Schneebesen untereinander schlagen. Kokosraspeln zugeben und die steif geschlagene Sahne unterziehen. Alles auf den erkalteten, dunklen Boden streichen. Die mit Öl aufgelöste Bitterkuvertüre in Linien oder einem Muster über der weißen Decke verteilen.

Backzeit: 20-25 Minuten
Backhitze: 180 °C

Ein besonders feiner Festtagskuchen, der lange frisch bleibt und ansprechend aussieht.
Ein großer Kuchen, der sich zu backen lohnt.

Mandarinen-Sahne-creme-Schnitten

Teig:

1/2 Päckchen Backpulver,
100 g Mehl,
75 g Zucker,
1 Päckchen Vanillezucker,
3 Eier,
2 EL Öl, 1 EL Essig

Belag:

1 EL Zucker,
1 Eigelb,
200 ml Orangensaft,
1 1/2 Päckchen Gelatine,
300 ml Schlagsahne,
1 Päckchen Sahnesteif,
1 Päckchen Vanillezucker,
2-3 EL Orangenkonfitüre,
2 Dosen Mandarinen,
25 g Bitterschokolade,
1-2 TL Öl,
250 ml Mandarinensaft

In einer Schüssel Backpulver mit Mehl vermischen und alle anderen Zutaten zugeben. Mit dem Rührgerät in ca. 2 Minuten ganz schnell alles cremig schlagen und auf einem mit Backpapier ausgelegten Kuchenblech backen.
Zucker, Eigelb und Orangensaft verquirlen und nur kurz aufkochen. Etwas abgekühlt 1 Päckchen Gelatine unter mehrmaligem Rühren in ca. 10 Minuten darin auflösen. Erkaltet die mit Sahnesteif und Vanillezucker steif geschlagene Sahne unterziehen.
Die Gebäckplatte in der Mitte senkrecht zerteilen und auf eine Hälfte die Konfitüre streichen, die andere Hälfte darauf legen und etwas andrücken. Mit Orangencreme bestreichen und die gut abgetropften Mandarinen darauf verteilen. (250 ml Mandarinensaft aufheben.) Dünne Schokoladenfäden darüber ziehen. Dafür die in Öl im Wasserbad zerlassene Schokolade in einen Spritzbeutel füllen und mit einer Nadel ein Loch einstechen.
Ist alles fest geworden, das Gebäck mit einem hellen Geleeguss aus 250 ml Mandarinenabtropfsaft, 1/2 Päckchen Gelatine und evtl. etwas Zucker überziehen. Erkaltet in Schnitten schneiden.

Backzeit: 10-12 Minuten
Backhitze: 180-200 °C

Das ist ein ganz feines Gebäck nach einem Konditorrezept aus DDR-Zeiten, das von Tag zu Tag besser wird. Damals konnten sich die Konditoren noch einen solchen zeitlichen Aufwand leisten.

Früchte-Napfkuchen

1 Glas Cocktailkirschen
(halbe Menge Saft aufheben),
200 g Trockenaprikosen,
100 g Korinthen,
2 EL Rum,
1 Ei, 75 g Zucker,
2 Päckchen Vanillezucker,
100 g Butter,
3 EL Öl,
abgeriebene Schale einer Zitrone,
100 g Zitronat,
150 g trockener Magerquark,
300 g Mehl,
1 Päckchen Backpulver

Die gut abgetropften Kirschen halbieren und etwas zerschneiden. Aprikosen waschen, in Stücke schneiden. Die gewaschenen Korinthen in Rum einlegen. Ei mit Zucker, Vanillezucker, weicher Butter, Öl, Zitronenschale und Zitronat verrühren. Quark und den Kirschabtropfsaft unterrühren. Mehl mit Backpulver dazugeben und gut verkneten. Nun Kirschen und Trockenobst unterkneten, eine Rolle formen und in eine 30 cm lange gefettete Kastenform legen. Backen. Den fertigen Kuchen mit Staubzucker besieben.

Backzeit: 45-50 Minuten
Backhitze: 190 °C

Sieht angeschnitten sehr schön aus.

TIPP: Sehr gut macht sich dieser Kuchen auch mit roten Belegkirschen, die halbiert unter den Teig gemischt werden. Anstelle von Saft dann ca. 75 ml Milch zugeben.

Aprikosenkuchen

Hefeteig für 1 Kuchenblech

Belag:

600 g abgetropfter Magerquark,
4 Eier,
1-2 EL Zucker,
2 Päckchen Vanillezucker,
2 EL Zitronensaft,
1 Päckchen Puddingpulver Vanillegeschmack,
2 geh. EL Grieß,
200 ml Eierlikör,
100 g Butter,
2 kleine Dosen Aprikosen,
500 ml Aprikosensaft für Götterspeise,
1 Päckchen Aprikosengötterspeise

Wie gewohnt einen Hefeteig zubereiten und auf einem gefetteten Backblech ausrollen.
Den über Nacht abgetropften Quark mit Eiern, Zucker, Vanillezucker und Zitronensaft gut verrühren. Puddingpulver, Grieß, Eierlikör und zerlassene Butter dazugeben. 4 bis 5 EL Quarkmasse auf den ausgerollten Hefeteig streichen.
Dosenobst gut abtropfen lassen, 500 ml Saft für die Götterspeise auffangen. Die in Scheiben geschnittenen Aprikosen oder Pfirsiche nicht zu dicht auf die Quarkschicht legen. Den großen Rest Quark darüber verteilen und backen. Erkaltet eine nach Vorschrift zubereitete Aprikosengötterspeise darüber verteilen.

Backzeit: 30-40 Minuten
Backhitze: 180 °C

Ein aromatisch-saftiger Kuchen.

TIPP: Die halbe Menge kann auch in einer Tortenform gebacken werden!

Erdbeer-Quark-Kuchen

(für 1/2 Kuchenblech oder Springform 26 cm Ø)

Teig:

175 g Mehl,
1 Ei, 1 Prise Salz,
50 g Zucker, 75 g Margarine,
1/2 TL Backpulver,
1 EL Semmelmehl

Belag:

2 Eier, 50 g Zucker,
1 Päckchen Vanillezucker,
1 gehäufter TL abgeriebene Zitronenschale,
400 g Magerquark,
5 EL Milch,
1 Päckchen Vanillesoßenpulver,
200 ml Schlagsahne,
2-3 EL Zucker

Guss:

300 g Erdbeeren,
2 EL Zucker,
1 Päckchen Tortenguss rot,
4 EL Wasser, 1 EL Zitronensaft

Alle Teigzutaten außer Semmelmehl mit dem Messer untereinander hacken, dann verkneten und 1/2 Stunde ruhen lassen. Nochmals kurz durchkneten und ausrollen. Das Semmelmehl darüber streuen und mit der Gabel einstechen. Nun den Belag darauf geben.
Dafür Eier mit Zucker, Vanillezucker und der Zitronenschale schaumig schlagen. Quark mit Milch und Soßenpulver gut verrühren und die mit Zucker steif geschlagene Sahne unterziehen. Backen.
Die Erdbeeren mit dem Mixstab pürieren, dabei Zucker zugeben. Tortenguss mit Wasser und Zitronensaft anrühren und das Erdbeerpüree damit binden. Gut aufkochen lassen und auf den erkalteten Kuchen streichen.

Backzeit: 35-40 Minuten
Backhitze: 180 °C

Ein saftiger Erdbeer-Quark-Kuchen, der sich schon am ersten Tag in exakte Stücke schneiden lässt.

TIPP: *Dieser Kuchen kann auch mit Hefeteig gebacken werden.*

Festlicher Quarkkuchen

(für 1/2 Kuchenblech oder Springform 26 cm Ø)

1/2 Hefeteig (siehe Grundrezept)

Belag:
1 EL Grieß,
2 Eier,
100 g Zucker,
Saft und abgeriebene Schale von 1 Zitrone,
1 Päckchen Vanillezucker,
400 g Magerquark,
2 EL Öl, 50 g Butter,
1 Päckchen Vanillesoßenpulver,
je 100 ml Sahne und Milch

Creme:
200 ml Milch,
1 Päckchen Vanillesoßenpulver,
1 geh. EL Zucker,
20 g Hartfett,
50 g Butter,
25 g Margarine

Garnitur:
50 g Bitterschokolade,
2 TL Öl

Den Hefeteig ausrollen, Rand andrücken, mit der Gabel einstechen und mit Grieß bestreuen. Eier, Zucker und Gewürze gut verschlagen. Nun den Quark, Öl, zerlassene Butter und Soßenpulver unterrühren. Sahne und Milch zugeben und alles gut vermischen. Auf den ausgerollten Hefeteig streichen. Langsam backen, damit die Quarkmasse nicht überkocht.
Aus Milch, Soßenpulver und Zucker einen Pudding kochen und das Hartfett einrühren. Butter mit Margarine cremig schlagen und den handwarmen Pudding unterschlagen. Creme auf den erkalteten Kuchen streichen. Schokobröckchen mit Öl im Wasserbad schmelzen und mit Hilfe eines Teelöffels über die Creme „schneckeln".

Backzeit: 35-40 Minuten
Backhitze: 180 °C

Dieser Kuchen hält sich sehr lange frisch und lässt sich ab dem dritten Tag ganz exakt in kleine Stücke schneiden. Ein cremig milder Kuchen.

Mohn-Marzipan-Kuchen

(für 1/2 Kuchenblech)

Teig:
125 g Margarine,
125 g Zucker,
2 Eier,
125 g Mehl,
1 geh. TL Backpulver,
100 ml saure Sahne oder Schmand,
100 g ungemahlener Mohn

Belag:
1 EL Marmelade,
1 EL Rum,
1/2 Flasche Bittermandelöl,
300 g Rohmarzipan,
etwas Staubzucker,
80 g Bitterschokolade,
20 g Butter

Weiche Margarine mit Zucker und Eiern untereinander schlagen. Gesiebtes Mehl mit Backpulver und saurer Sahne unterschlagen, den Mohn unterrühren. Den Teig auf Backpapier auf die Hälfte eines Kuchenblechs ausrollen und backen.
Den erkalteten Teigboden ganz dünn mit Marmelade bestreichen. Rum mit Bittermandelöl vermischen und mit Marzipan verkneten. Marzipanmasse auf Staubzucker zur halben Blechgröße ausrollen und auf die Marmelade legen, etwas andrücken, damit die Marzipanschicht hält. Schokolade und Butter im warmen Wasserbad schmelzen, gut verrühren und auf dem Marzipan verstreichen. Kann noch mit weißer Schokolade oder Krokant verziert werden.

Backzeit: 20-25 Minuten
Backhitze: 180-200 °C

von links:
Mohn-Marzipan-Kuchen
Stachelbeer-Waldmeister-Kuchen
Schoko-Orangencreme-Schnitten

Stachelbeer-Waldmeister-Kuchen

(für 1/2 Kuchenblech)

Teig:

100 g Margarine,
2 Eier (ca. 125 g),
75 g Zucker,
50 g Schmand,
1 TL Natron,
175 g Mehl,
200 g frische Stachelbeeren

Creme:

150 g Frischkäse,
75 ml Waldmeistersirup,
3/4 Päckchen Waldmeistergötter-speise,
75 ml Wasser,
150 ml Schlagsahne,
evtl. 50 g Bitterschokolade

Margarine, Eier und Zucker gut verschlagen. Schmand mit Natron verquirlt unterschlagen. Mehl auf zweimal nur kurz unterschlagen. Teig auf die Hälfte eines Backblechs streichen. Mit Stachelbeeren belegen und backen.
Frischkäse mit Waldmeistersirup verrühren, die im warmen Wasser gründlich aufgelöste Götterspeise flott unterschlagen. Die steif geschlagene Sahne unterziehen. Alles über den ausgekühlten Stachelbeeren verteilen. Im Kühlschrank fest werden lassen.

Backzeit: 30-35 Minuten
Backhitze: 180 °C

TIPP: Besonders attraktiv wirkt der Kuchen mit Linien aus zerlassener Bitterschokolade.

Schoko-Orangencreme-Schnitten

Teig:
75 g Margarine,
125 g Zucker,
3 Eier,
125 g Mehl,
1 TL Backpulver,
2 EL Kakao,
75 g Schmand,
1/2 TL Natron

Füllung:
300 g Magerquark,
1/2 Päckchen Getränkepulver Orangengeschmack,
1 Päckchen Gelatine,
100 ml Orangensaft,
1 Päckchen Sahnesteif,
1 Päckchen Vanillezucker,
400 ml Schlagsahne

Dekoration:
50 g weiße Schokolade,
2 TL Öl,
evtl. 1 EL Zucker

Weiche Margarine, Zucker und Eier dickcremig schlagen. Mehl mit Backpulver und Kakao sieben und abwechselnd mit dem mit Natron verquirlten Schmand unterschlagen. Backblech mit Backpapier auslegen, die Masse gleichmäßig aufstreichen und backen. Erkaltet in der Mitte senkrecht durchschneiden.

Quark mit Getränkepulver verrühren. Gelatine im warmen Orangensaft in ca. 10 Minuten unter mehrmaligem Rühren auflösen und mit 3 EL Quark gründlich vermischen. Nun alles flott und gründlich mit dem großen Quarkrest verschlagen. Die mit Sahnesteif und Vanillezucker steif geschlagene Sahne unterziehen. Die Masse auf einen halben Boden streichen. Die zweite Bodenhälfte grob zerkrümeln oder in ganz kleine Würfel schneiden und über der Orangencreme verteilen. Etwas andrücken. Die Oberfläche mit Schokoladenkringeln dekorieren. Dafür die Schokolade mit Öl im Wasserbad zerlassen, in einen Spritzbeutel mit Loch füllen und über die Oberfläche spritzen. Ist alles fest geworden (ca. 1-2 Tage), den Kuchen in Schnitten teilen.

Backzeit: 20-25 Minuten
Backhitze: 180 °C

Ein bekanntes, schön aussehendes Gebäck.

Liebeskuchen

Teig:

3 Eier, 3 EL Wasser,
100 g Zucker,
100 g Mehl,
75 g Speisestärke,
1 TL Backpulver,
2 EL Aprikosenmarmelade,
300 g Rohmarzipan,
Staubzucker

Creme:

500 ml Milch,
3 EL Zucker,
1 Päckchen Himbeerpuddingpulver,
1 Päckchen Himbeergötterspeise,
75 ml Wasser,
100 g Butter,
50-75 g Würfelmargarine

Garnitur:

200 ml roter Saft,
1 Päckchen roter Tortenguss,
bunte Zuckerstreusel oder Liebesperlen

Eier mit Wasser und dann Zucker dickcremig schlagen. Mehl, Speisestärke und Backpulver kurz und langsam unterschlagen. Ein Kuchenblech mit gefettetem Backpapier belegen, Teig darauf streichen und backen. Erkaltet das Backpapier abziehen und den Boden senkrecht teilen.
Die Hälfte der Gebäckplatte dünn mit Marmelade bestreichen. Marzipan auf Staubzucker ausrollen und dann auf die Marmelade legen, andrücken.
Aus Milch, Zucker und Puddingpulver einen Pudding kochen. Die im heißen Wasser aufgelöste Götterspeise unterrühren. Butter und Margarine cremig schlagen und den handwarmen Pudding unterschlagen. Die halbe Menge der Creme auf den Marzipanboden streichen. Den zweiten Boden darüber legen, etwas andrücken. Restliche Creme auf die Oberfläche streichen.
Aus rotem Saft mit Tortenguss einen roten Guss kochen und die Kuchenoberfläche mit einem Teelöffel so übersprenkeln, dass noch etwas von der rosa Creme zu sehen ist. Vor dem Servieren noch mit bunten Streuseln oder Liebesperlen bestreuen. In Vierecke schneiden oder rund ausstechen.

Backzeit: 10-15 Minuten
Backhitze: 180-200 °C

TIPP: *Legt man das gefettete Backpapier auf ein gefettetes Blech, rutscht es nicht.*

Mohn-Bienenstich-Kuchen

(für 1/2 Kuchenblech)

Teig:

70 g Margarine,
1 Ei,
50 g Zucker,
150-175 g Mehl,
1 gestr. TL Backpulver

Mohnbelag:

1/2 l Milch,
30 g Zucker,
1 Päckchen Vanillezucker,
1 1/2 Päckchen Puddingpulver,
75-100 g gemahlener Mohn,
50-70 g Margarine oder Butter,
50 g Korinthen,
1 EL Rum

Bienenstich:

75 g gehackte Mandeln,
50 g Mandelblättchen,
75 g Butter,
50 g Zucker,
1 EL Honig

Aus den Zutaten einen Teig kneten und in einer Springform (26 cm Ø) oder auf die Hälfte eines Kuchenblechs ausrollen. Mehrmals mit einer Gabel einstechen, dann backen.

Aus Milch, Zucker, Vanillezucker und Puddingpulver einen Pudding kochen. Den gemahlenen Mohn zufügen und nochmals aufkochen. Die Butter und die in Rum eingeweichten Korinthen samt Rum unterrühren. Einen Rahmen um den gebackenen Teig legen (bei der Blechvariante) und die noch heiße Mohnmasse darüber verteilen. Kalt stellen. Ist die Masse fest, die Bienenstichmasse darüber streichen.

Dafür die gehackten Mandeln und Mandelblättchen in einer trockenen Pfanne langsam zur Farbe rösten, die Butter unterrühren und den Zucker mit dem Honig zugeben.

Ist alles gebunden, auf die Mohnmasse streichen und bei Umluft noch 10-15 Minuten backen.

1. Backzeit: 15-20 Minuten
Backhitze: 180-200 °C
2. Backzeit: 10-15 Minuten
Backhitze: 180 °C Umluft

Im Uhrzeigersinn von oben Mitte:
Sauerkirsch-Punsch-Kuchen / Cappuccinokuchen
Rote Grütze-Kuchen / Mandelbaiser-Creme-Schnitte
Mohn-Bienenstich-Kuchen / Schwarz-Weiß-Kuchen
Stachelbeer-Waldmeister-Kuchen / Ananaskuchen
Dominokuchen mit roter Decke / Cappuccinokuchen
Liebeskuchen / Dominokuchen mit Schokospritzern
Mitte: *Liebeskuchen*

Quark-Pudding-Kuchen

(für 1/2 Kuchenblech)

Teig:

150 g Mehl,
75 g Margarine,
75 g Zucker,
1 Ei,
1 TL Backpulver

Belag:

500 ml Milch,
2 EL Zucker,
1 Päckchen Puddingpulver,
3 EL ungemahlener Mohn,
250 g Magerquark,
2 Eier,
1 Päckchen Vanillezucker,
Zitronenschale und
Saft von 1 Zitrone,
1-2 EL Zucker,
200 ml Sahne

Streusel:

100 g Mehl,
75 g Zucker,
75 g Butter

Aus den Zutaten einen Knetteig bereiten und 1/2 Stunde kühl gestellt ruhen lassen. Nun auf die Hälfte eines gefetteten Kuchenblechs ausrollen, mit der Gabel mehrmals einstechen.
Aus Milch, Zucker und Puddingpulver wie gewohnt einen Pudding kochen und den Mohn unterrühren. Quark mit Eiern, Vanillezucker, Zitronenschale, Zitronensaft und Zucker gut verrühren. Sahne ungeschlagen unterrühren und alles mit dem etwas abgekühlten Pudding vermischen. Auf den ausgerollten Teig streichen. Streuselzutaten verkneten und ganz kleine Streusel über den Kuchen krümeln. Backen.

Backzeit: 30-40 Minuten
Backhitze: 200 °C

Ein deftiger, sättigender Kuchen.

TIPP: *Kann mit Staubzucker besiebt oder mit Zitronen- oder Schokoguss garniert werden. Für den Zitronenguss aus Staubzucker mit Zitronensaft einen nicht zu dünnen Guss herstellen und über den Kuchen sprenkeln. Für Schokolinien (die schöner als der Guss aussehen) 50 g Schokolade mit 2 EL Öl schmelzen und über den Kuchen ziehen.*

Feiner Pfirsich-Quark-Kuchen

(für 1/2 Kuchenblech)

Teig:

1 Ei, 50 g Zucker,
75 g Margarine,
150 g Mehl,
1 TL Backpulver,
1 Prise Salz

Belag:

1 Dose Pfirsiche,
3 Eier,
2 geh. EL Zucker,
1 Päckchen Vanillezucker,
1-2 EL Zitronensaft,
1-2 TL abgeriebene Zitronenschale,
400 g gut abgetropfter Magerquark,
1 Päckchen Vanillesoßenpulver,
200 g Schmand,
200 ml Pfirsichabtropfsaft,
50 g zerlassene Butter

Aus den Zutaten einen Teig kneten und in einer Springform (26 cm Ø) oder auf die Hälfte eines Kuchenblechs ausrollen.
Pfirsiche gut abtropfen lassen, Saft dabei auffangen. Eier, Zucker, Vanillezucker, Zitronensaft und -schale mit dem Schneebesen gut verrühren. Den Quark unterrühren. Mit Soßenpulver verrühren. Schmand, Pfirsichsaft und zerlassene Butter zugeben und alles zu einer cremigen Masse rühren. Einen kleinen Teil von der ziemlich flüssigen Masse auf dem Teig verteilen. Die Pfirsichhälften mit einem Messer drei- bis viermal zerschneiden und die Scheiben über der Quarkmasse verteilen. Den großen Rest der Quarkmasse über die Pfirsiche geben. Den Kuchen langsam backen, bis die Oberfläche trocken ist. Erkaltet mit etwas zerlassener Butter bepinseln und später mit Staubzucker besieben.

Backzeit: 35-40 Minuten
Backhitze: 180 °C

TIPP: *Für diesen saftigen Kuchen eignet sich auch ein Quark-Öl-Teig gut.*

Dominokuchen

Teig:
4 Eier,
150 g Zucker,
150 g Mehl,
1 leicht geh. TL Backpulver,
50 g Speisestärke,
2 EL Kakao,
50 g Margarine

Füllung:
350 ml Milch,
2 EL Zucker,
1 Päckchen Puddingpulver,
20 g Hartfett,
75 g Butter,
50 g Margarine,
600 ml Wasser,
2 Päckchen Himbeergötterspeise,
3-4 EL Zucker,
50 g Bitterschokolade,
1 TL Öl für die Garnitur

Eier mit Zucker dickcremig schlagen. Mehl, Backpulver, Speisestärke und Kakao langsam unterziehen. Die zerlassene Margarine unterziehen. Blech mit Backpapier auslegen, Teig aufstreichen und backen. Erkaltet senkrecht durchschneiden.
Aus Milch, Zucker und Puddingpulver einen straffen Pudding kochen. Hartfett einrühren. Butter und Margarine cremig schlagen. Den handwarmen Pudding löffelweise unterschlagen und 1/3 davon auf den ersten Boden streichen. Nun nach Anweisung eine etwas festere Himbeergötterspeise kochen und kurz vor dem Erstarren auf die Puddingcreme verteilen. Das zweite Drittel Puddingcreme darüber streichen und den zweiten Boden auflegen.
Rest Creme auf die Oberfläche streichen und mit Schokospritzern (dafür Öl mit zerlassener Schokolade verrühren) garnieren.

Backzeit: 10-12 Minuten
Backhitze: 200 °C

Der Dominokuchen wird auch sehr fein, wenn man statt Schokospritzern lieber eine rote Decke haben möchte. Dafür einen roten Tortenguss nach Vorschrift kochen und gleichmäßig über die letzte Schicht geben.

TIPP: *Für die Füllung zuerst die Götterspeise zubereiten, dann den Pudding kochen. Butter und Margarine sollten schon zimmerwarm sein.*

Dominokuchen
Mandelbaiser-Creme-Schnitten

Mandelbaiser-Creme-Schnitten

Teig:
150 g gemahlene Mandeln oder Nüsse,
1 EL Mehl,
5-6 Eiweiß,
150 g + 1 EL Zucker

Füllung:
2 Päckchen Vanillepuddingpulver,
700 ml Milch,
2 EL Zucker,
75 g Butter,
50 g Würfelmargarine

Dekoration:
1 EL Staubzucker,
1 TL Kakao

Mandeln mit 1 EL Zucker und Mehl in einer großen Schüssel vermischen. Die Eiweiß mit Zucker steif schlagen. Nun die Nussmasse mit dem Eischnee vorsichtig vermischen (mit Holzlöffel oder „Geizhals", nicht mit einem Schneebesen!).
Backblech mit Backpapier auslegen, einfetten und den Teig darauf backen, bis die Baiseroberfläche trocken ist. (Länger und langsamer backen schadet nicht.)
Etwas abgekühlt das Backpapier vorsichtig abziehen. Nun den Baiserboden senkrecht durchschneiden und füllen.
Dafür aus Puddingpulver, Milch und Zucker einen straffen Pudding kochen. Butter mit Margarine cremig schlagen und den handwarmen Pudding löffelweise unterschlagen. Damit eine Baiserhälfte bestreichen und die andere, in Stücke geschnittene Baiserhälfte darüber decken. Staubzucker und Kakao mischen und dünn darüber stäuben.

Backzeit: 40-45 Minuten
Backhitze: 160-170 °C;
nach ca. 20 Minuten auf 100 °C stellen

Leichte Cremeschnitten – zart und knusprig.

TIPP: *Ist das Backpapier von der Teigplatte abgezogen, diese Unterseite noch 1-2 Tage trocknen lassen, da sie auch während des Backens feucht bleibt. Dann sind die Schnitten lange haltbar.*

Stachelbeer-Nuss-Kuchen

(für 1/2 Kuchenblech)

Teig:
200 g Mehl,
1 Päckchen Vanillezucker,
100 g Zucker,
1 Ei,
100 g Margarine,
1/2 TL Backpulver

Belag:
250-300 g Stachelbeeren

Streusel:
30 g Butter,
100 g Honig,
100 g gehackte Nüsse,
100 g gemahlene Nüsse,
Staubzucker

Aus den Zutaten einen Mürbeteig kneten und 1/2 Stunde kühl stellen. Dann auf ein Tortenblech (26 cm Ø) oder die Hälfte eines Kuchenblechs ausrollen. Die frischen oder aufgetauten Stachelbeeren darüber streuen. Nun die Nussstreusel darüber verteilen. Dafür Butter und Honig (falls notwendig) zerlassen und mit den Nüssen zu Streuseln verkneten. Backen.
Den völlig erkalteten Kuchen mit zerlassener, etwas abgekühlter Butter bepinseln. Später Staubzucker darüber stäuben.

Backzeit: 30-35 Minuten
Backhitze: 180-200 °C

Die säuerlichen Stachelbeeren und die knusprig-süßen Streusel ergänzen sich sehr gut.

TIPP: Die Stachelbeeren können auch mit einem Vanillepudding (aus 400 ml Milch, 2 Eiern, 1 Päckchen Puddingpulver) vermischt werden.

Zwiebackkuchen

(für 1/2 Kuchenblech)

Teig:

100 g Zucker,
1 Ei,
100 g Margarine,
120 g gemahlener Zwieback,
120 g gemahlene Nüsse,
1/2 Päckchen Backpulver,
50 g Dinkelmehl oder Grieß,
150 ml Milch

Schokoguss für 1/2 Kuchenblech oder Springform 26 cm Ø:

1 kleines Ei,
3 EL Zucker,
2 EL Kakao,
50-75 g Hartfett

Schokoguss für 1 Kuchenblech:

1 großes Ei,
4 geh. EL Zucker,
2-3 geh. EL Kakao,
1 Päckchen Vanillezucker,
125 g Hartfett,
1 EL Rum oder Milch

Zucker mit Ei und weicher Margarine glatt rühren. Zwieback mit dem Multiboy fein zerkleinern und mit den gemahlenen Nüssen zur Zucker-Ei-Masse geben. Nun das Backpulver zugeben, gesiebtes Mehl und Milch unterheben. Alles gut verrühren, auf einem mit Backpapier ausgelegten halben Backblech oder einem Tortenblech gleichmäßig verteilen und etwas braun backen.
Ei mit Zucker cremig rühren, Kakao unterrühren und das zerlassene, etwas abgekühlte Hartfett allmählich zugeben. Evtl. mit 1/2 EL Rum oder Milch glatt rühren, wenn nötig.

Backzeit: 20 Minuten
Backhitze: 180 °C

Ein herrlich altmodischer Kuchen mit einem altmodischen Schokoladenguss.

TIPP: *Den Kuchen erst am dritten Tag anschneiden. Frisch löst er sich schlecht vom Blech und krümelt. Deshalb auf Backpapier backen.*

dunkle Stücke:
Zwiebackkuchen
helle Stücke:
Haferflockenkuchen

Haferflockenkuchen

(für 1/2 Kuchenblech oder eine Springform 26 cm Ø)

1/2 Hefeteig

Belag:
125 g Vollkornhaferflocken,
125 g Butter, 125 g Zucker,
1 Prise Salz, 100-125 ml Sahne

Einen Hefeteig herstellen und auf die Größe eines halben Kuchenblechs ausrollen oder eine Springform damit belegen. Haferflocken in trockener Pfanne kurz anrösten. Butter, Zucker und Salz unterrühren und mit der Sahne alles glatt rühren. Auf den Hefeteig streichen und den Kuchen noch ca. 15 Minuten gehen lassen. Dann backen.

Backzeit: 25-30 Minuten
Backhitze: 180 °C

Pfirsichschnitten nach Frau Linse

Teig:
4 Eier, 125 g Zucker,
4 Päckchen Vanillepuddingpulver,
1/2 Päckchen Backpulver,
1 geh. TL Speisestärke, 8 EL Öl

Belag:
1 Dose Pfirsiche,
400 ml Schlagsahne,
2 Päckchen Sahnesteif,
2 Päckchen Vanillezucker,
2 TL Gelatine,
150 ml Schmand oder Quark

Guss:
400 ml Multivitaminsaft,
3 Päckchen Vanillesoßenpulver ohne Kochen, 2 TL Gelatine

Eier und Zucker cremig schlagen, Puddingpulver, Backpulver, Stärke und Öl unterrühren. Die Masse auf ein mit Backpapier ausgelegtes Kuchenblech streichen und backen.
Pfirsiche gut abtropfen lassen, in Scheiben schneiden und auf den erkalteten Boden legen. Sahne mit Sahnesteif und Vanillezucker steif schlagen. Gelatine in wenig Wasser auflösen und unter den Schmand rühren. Alles mit der Sahne vermischen und über den Pfirsichen verteilen.
Für den Guss 350 ml Multivitaminsaft mit Vanillesoßenpulver verrühren und die in 50 ml Saft aufgelöste Gelatine unterrühren. Ca. 5 Minuten stehen lassen, dann über dem Kuchen verteilen.

Backzeit: 15-20 Minuten
Backhitze: 200 °C

Ein ganz feiner Festtagskuchen, der kühl gestellt lange frisch bleibt.

Kartoffelkuchen Thüringer Art

500 g gekochte, geriebene Kartoffeln,
400 g Mehl,
3 EL Zucker, 1 Prise Salz,
250 ml lauwarme Milch,
1 Würfel Hefe,
2 Eier,
50 g Butter,
abgeriebene Schale von 1 Zitrone,
100 g Rosinen oder Korinthen

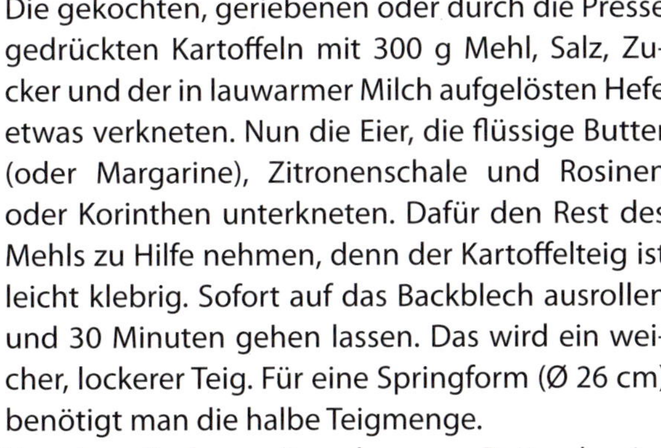

Die gekochten, geriebenen oder durch die Presse gedrückten Kartoffeln mit 300 g Mehl, Salz, Zucker und der in lauwarmer Milch aufgelösten Hefe etwas verkneten. Nun die Eier, die flüssige Butter (oder Margarine), Zitronenschale und Rosinen oder Korinthen unterkneten. Dafür den Rest des Mehls zu Hilfe nehmen, denn der Kartoffelteig ist leicht klebrig. Sofort auf das Backblech ausrollen und 30 Minuten gehen lassen. Das wird ein weicher, lockerer Teig. Für eine Springform (Ø 26 cm) benötigt man die halbe Teigmenge.
Vor dem Backen mit zerlassener Butter bepinseln und mit Zimtzucker bestreuen. Erkaltet noch einmal mit zerlassener Butter bepinseln und mit Zimtzucker bestreuen.

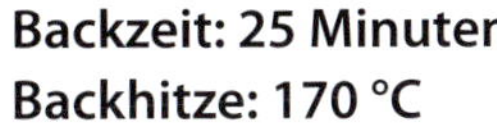

Backzeit: 25 Minuten
Backhitze: 170 °C

Der altmodische Thüringer Kartoffelkuchen kommt wahrscheinlich nie aus der Mode. Überall und immer wieder ist er präsent. Er schmeckt frisch am besten, kann aber auch am zweiten Tag aufgebacken werden.
Kann schnell von übrig gebliebenen Kartoffeln zubereitet und gleich verzehrt werden. Kein Festtagskuchen, aber zu einem gemütlichen Kaffeetrinken passt er immer.

Rote Grütze-Kuchen

Teig:
3 Eier,
2 EL warmes Wasser,
100 g Zucker,
100 g Mehl,
1/2 TL Backpulver,
25 g Speisestärke

Belag:
375 ml Wasser oder Saft,
2-3 EL Zucker,
1 Päckchen Rote Grütze Grieß,
1/2 Päckchen Rote Grütze glatt,
1 geh. EL Himbeergetränkepulver,
75 g Butter,
50 g feste Würfelmargarine,
20 g Hartfett

Eier mit Wasser kurz schaumig aufschlagen, nun mit dem Zucker zu einer dickcremigen Masse schlagen. Mehl mit Backpulver und Speisestärke kurz unterschlagen. Teig gleichmäßig in eine Springform verteilen und backen.
Aus Wasser, Zucker und Grützepulvern eine ziemlich feste Grütze kochen. Das Getränkepulver unterrühren. Butter und Margarine cremig schlagen und die handwarme Grütze löffelweise unterschlagen. Alles mit dem zerlassenen warmen Hartfett glatt schlagen. Auf den erkalteten Boden streichen, mit Gabel oder Kamm garnieren.

Backzeit: 15-20 Minuten
Backhitze: 180-200 °C

TIPP: Wer mag, kann den Kuchen noch mit Schokoblättchen oder zerlassener Schokolade garnieren.

Cappuccinokuchen

Teig:
3 Eier,
125 g Zucker,
3 EL Rum,
100 g Mehl,
50 g Speisestärke,
2 EL Cappuccinopulver,
2 TL Backpulver

Creme:
100 g Kuvertüre,
50 ml Milch,
1 Päckchen Gelatine,
50 ml Wasser,
200 ml Milch,
1 EL Zucker,
1/2 Päckchen Puddingpulver,
3 geh. EL Cappuccinopulver,
300 ml Schlagsahne,
1 Päckchen Sahnesteif,
1 Päckchen Vanillezucker,
1 TL Öl

Eier, Zucker und Rum dickcremig schlagen. Mehl, Speisestärke und Cappuccinopulver mit Backpulver kurz unterschlagen. Auf Backpapier auf einem Kuchenblech backen.
Die abgekühlte Teigplatte vom Backpapier befreien und senkrecht teilen.
50 g Kuvertüre in der Milch in ca. 10 Minuten langsam auflösen. Die Gelatine im warmen Wasser unter Rühren auflösen. Aus Milch, Zucker und Puddingpulver einen Pudding kochen. Den Schokobrei mit der aufgelösten Gelatine und dem noch etwas heißen Pudding gut verrühren. Cappuccinopulver einrühren und die mit Sahnesteif und Vanillezucker steif geschlagene Sahne unterheben.
Die Hälfte von dieser Masse auf eine halbe Kuchenplatte streichen und die zweite Platte darüber decken. Rest Creme darauf streichen und mit der restlichen, in heißem Öl zerlassenen Kuvertüre oder Bitterschokolade die Oberfläche garnieren.

Backzeit: 15-20 Minuten
Backhitze: 180-200 °C

TIPP: *Cremig leichter Festtagskuchen, der noch würziger wird, wenn man 1-2 TL Kaffeepulver anstelle von Cappuccinopulver in die Creme rührt.*

vorn:
Cappuccinokuchen
hinten:
Sauerkirsch-Punsch-Kuchen

Sauerkirsch-Punsch-Kuchen

Teig:
3-4 Eier (ca. 200 g),
150 g Zucker,
100 g Mehl,
50 g Speisestärke,
1 leicht geh. TL Backpulver,
30 g zerlassene Margarine

Belag:
knapp 1 Glas Sauerkirschen,
300 ml Kirschabtropfsaft,
1 Päckchen Puddingpulver (Himbeer- oder Erdbeergeschmack),
evtl. Zucker nach Geschmack

Oberfläche:
250 ml Milch,
3/4 Päckchen Vanillepuddingpulver,
75 g Würfelmargarine oder Butter,
1-2 EL Kirschlikör oder Kirschsaft,
1-2 EL Rum,
30 g gehackte Mandeln,
evtl. Zucker

Eier schaumig aufschlagen, mit Zucker dickcremig schlagen, Mehl mit Speisestärke und Backpulver langsam unterschlagen. Nun die zerlassene, abgekühlte Margarine vorsichtig unterziehen. Auf Backpapier auf einem Blech backen.
Erkaltet Backpapier abziehen und die Platte senkrecht teilen.
Sauerkirschen gut abtropfen lassen, Saft auffangen. Aus 300 ml Abtropfsaft, Puddingpulver und evtl. etwas Zucker einen Pudding kochen. Die Kirschen untermischen. Die Masse auf eine halbe Gebäckplatte streichen und die andere Hälfte darüber legen. Aus Milch und Puddingpulver einen weiteren Pudding kochen. Butter und Pudding zur Creme aufschlagen, Kirschlikör mit Rum unterschlagen, die gehackten Mandeln unterrühren, evtl. auch etwas Zucker. Creme auf die Oberfläche des Kuchens streichen.

Backzeit: 15-20 Minuten
Backhitze: 180-200 °C

TIPP: *Biskuitteig mit etwas zerlassener Margarine wird nicht so locker-fluffig und ist für Fruchtfüllungen besser geeignet. Der Teig ist stabiler.*

Aprikosen-Marzipan-Kuchen

(für 1/2 Kuchenblech)

Teig:

175 g Mehl,
125 g Margarine,
50 g Zucker,
1 Ei,
1 TL Backpulver

Belag:

250 ml Milch,
1 geh. TL Speisestärke,
1 Päckchen Vanillesoßenpulver,
1 Ei,
1 EL Zucker,
100 g Rohmarzipan,
1 Dose Aprikosen,
250 ml Aprikosenabtropfsaft,
1 Päckchen heller Tortenguss

Aus den Zutaten einen Mürbeteig kneten und 1/2 Stunde kühl stellen. Dann auf die Hälfte eines Kuchenblechs ausrollen.

Milch, Speisestärke, Vanillesoßenpulver, Ei und Zucker verquirlen und aufkochen lassen. Die Marzipanrohmasse in Bröckchen, am besten mit dem Quirl, im heißen Pudding verquirlen und zerdrücken. Den Teig mit einer Gabel mehrmals einstechen und die Marzipanmasse darauf streichen. Dann mit den gut abgetropften Aprikosenhälften belegen (Rundung nach oben) und backen.

Vom Abtropfsaft mit Tortengusspulver einen hellen Tortenguss herstellen und über dem erkalteten Kuchen verteilen.

Backzeit: 30-35 Minuten
Backhitze: 180-200 °C

TIPP: *Für die Optik kann man auch vor dem Backen wenige Johannisbeeren und wenige Korinthen darüber streuen.*
Kann auch mit Hefeteig zubereitet werden.

Nougatkuchen mit Walnüssen

Teig:
150 g Margarine,
100 g Zucker,
1 Prise Salz,
2 EL Wasser,
2 Eier,
375 g Mehl,
1 leicht geh. TL Backpulver

Belag:
600 ml Milch,
1 Päckchen Puddingpulver,
100 g Butter,
100 g Hartfett,
1 Päckchen Vanillezucker,
2 Tafeln Schokolade à 100 g
(1 Bitter, 1 Nougat),
3-4 EL Nougatcreme,
1 EL Zucker,
2 Eier,
200 g grob gehackte Walnüsse,
evtl. noch 50 g weiße Schokolade

Margarine, Zucker, Salz, Eier und Wasser verrühren. Nach und nach das Mehl mit Backpulver vermischt zugeben, unterrühren, dann unterkneten. Den Teig auf ein normales gefettetes Kuchenblech rollen und mit einer Gabel mehrmals einstechen. Aus Milch und Puddingpulver einen Pudding kochen. Butter, Hartfett, Vanillezucker und zerbröckelte Schokolade einrühren und die Nougatcreme unterrühren. Abgekühlt die mit Zucker verschlagenen Eier untermischen. Masse auf den Teig streichen. Nun die in einer Pfanne ohne Fett leicht gerösteten Walnüsse darüber verteilen. Backen. Den erkalteten Kuchen mit weißen Schokolinien überziehen.

Backzeit: 25-30 Minuten
Backhitze: 180-200 °C

Der Nougatkuchen ist ein typischer DDR-Kuchen, der auch als Torte mit unserer damaligen Nugana-Schokolade gebacken wurde. Er war immer etwas Besonderes.

Mandarinen-Streusel-Kuchen

(für 1/2 Kuchenblech oder eine Springform 26 cm Ø)

1/2 Hefeteig

Belag:
2 kleine Dosen Mandarinen,
250 ml Mandarinenabtropfsaft,
2 Päckchen Vanillesoßenpulver,
1 EL Orangengetränkepulver,
2 EL Zitronensaft,
125 ml Schmand,
evtl. 1-2 EL Zucker

Streusel:
125 g Mehl, 100 g Zucker,
75-100 g Butter,
1 Päckchen Vanillezucker

Einen Hefeteig herstellen und auf die Größe eines halben Kuchenblechs ausrollen oder eine Springform damit belegen.
Mandarinen gut abtropfen lassen, 250 ml Saft auffangen. Aus dem Saft und Soßenpulver einen straffen Pudding kochen. Orangengetränkepulver und Zitronensaft einrühren. Kurz abgekühlt den Schmand und evtl. etwas Zucker unterrühren. Nun alles mit den Mandarinen vermischen und auf den Hefeteig streichen. Die Streuselzutaten verkneten und Streusel über den Kuchen streuen. Backen.

Backzeit: 30-35 Minuten
Backhitze: 180-200 °C

Ein saftig-fruchtiger Kuchen.

Eierlikör-Aschkuchen

(für Kastenform 23-24 cm)

3 Eier,
100 g Staubzucker,
2 Päckchen Vanillezucker,
100 ml Öl, 150 ml Eierlikör,
50 g Butter,
100 g Mehl,
75 g Speisestärke,
1 geh. TL Backpulver

Eier mit Staubzucker und Vanillezucker etwas cremig schlagen. Öl, Eierlikör und weiche Butter unterschlagen. Nun Mehl, Speisestärke und Backpulver unterschlagen. In eine mit Öl ausgepinselte und mit Grieß ausgestreute Kastenform geben und backen, bis der Kuchen etwas gebräunt ist.

Backzeit: 40-50 Minuten
Backhitze: 180 °C

Das ist ein sehr feiner, haltbarer Rührkuchen.

„Liebesbriefe“
(für 12 Stück)

Teig:
125 g Mehl,
50-75 g Schmand,
1 EL Wasser,
1 TL Essig,
1 Löffelspitze Backpulver,
100 g Margarine

Nussmasse:
70 g gemahlene Nüsse,
35 g Zucker,
1-2 TL Rum

Dekoration:
50 g Marzipan,
20 g Bitterschokolade oder Kuvertüre,
Staubzucker

Alle Teigzutaten mit gewürfelter kalter Margarine zu einem Kloß verkneten. Zwei Stunden oder über Nacht in den Kühlschrank stellen. Am nächsten Tag mit Hilfe von etwas Mehl eine dünne Platte von 24 x 30 cm ausrollen. Quadrate von 8 x 8 cm ausschneiden und in die Mitte einen Klecks von der Nussmasse geben. Dafür die gemahlenen Nüsse mit Zucker und Rum (evtl. noch etwas Wasser) vermischen. Nun treffen die vier Ecken in der Mitte auf dem Nussklecks wie bei einem Briefumschlag zusammen. Etwas andrücken und backen. Erkaltet ca. 50 g Marzipan auf Staubzucker ausrollen. Mit zerlassener Kuvertüre bestreichen. Ist die Schokolade fest, kleine Herzen ausstechen und mit einem Klecks Schokolade auf die Mitte vom „Umschlag“ kleben. Dünn mit Staubzucker bestäuben.

Backzeit: 10-15 Minuten
Backhitze: 200 °C

Die „Liebesbriefe“ sind ein originelles, süßes Mitbringsel für Verliebte.

„Eckolstädter"

(für 1/2 Kuchenblech oder eine Springform 26 cm Ø)

Teig:

3 Eier,
1 EL Wasser,
100 g Zucker,
100 g Mehl,
50 g Speisestärke,
1 TL Backpulver

Belag:

1 große Dose Mandarinen,
50 ml Mandarinenabtropfsaft,
1/2 Päckchen Gelatine,
200 g Frischkäse,
1-2 EL Zucker,
200 ml Sahne,
1 Päckchen Sahnesteif,
1 Päckchen Vanillezucker,
50-75 g Mandelblättchen

Eier mit warmem Wasser schaumig aufschlagen. Nun mit Zucker dickcremig schlagen. Mehl, Speisestärke und Backpulver vermischt langsam nach und nach und nur kurz unterschlagen. Teig in eine Springform oder auf die Hälfte eines Kuchenblechs streichen und backen.
Mandarinen gut abtropfen lassen. Saft auffangen. Die im Mandarinensaft aufgelöste Gelatine mit dem Frischkäse rasch unterrühren und solange mit dem Schneebesen rühren, bis alles gut vermischt ist. Mandarinenspalten in 2 bis 3 Stücke schneiden und mit dem Zucker unterrühren. Die mit Sahnesteif und Vanillezucker steif geschlagene Sahne unterziehen. Alles auf den Kuchenboden streichen. Die in trockener Pfanne gerösteten Mandelblättchen darüber streuen.

Backzeit: 15-20 Minuten
Backhitze: 180-200 °C

Ein schneller, saftiger Kuchen.

TIPP: *Wer den Belag fruchtiger möchte, kann anstelle von Gelatine die gleiche Menge Aprikosengötterspeise einsetzen.*

Marzipankuchen

Teig:
4 Eier,
2 EL Wasser,
100 g Zucker,
100 g Mehl,
75 g Speisestärke,
1 TL Backpulver

Füllung:
2 EL feste Johannisbeermarmelade ohne Fruchtstücke,
300-400 g Rohmarzipan

Guss:
1/2 Eiweiß,
75 g Staubzucker,
60-70 g Hartfett,
1-2 Tropfen Bittermandelöl,
1-2 Tropfen rote Kuchenfarbe

Von einem Ei ein halbes Eiweiß für den Guss aufheben. Den Rest Eier mit warmem Wasser schaumig aufschlagen und mit Zucker dickcremig schlagen. Mehl mit Speisestärke und Backpulver vermischt langsam und nur kurz unterschlagen. Auf Papier auf einem normalen Kuchenblech backen.
Erkaltet den Boden in der Mitte senkrecht teilen. Jede Hälfte dünn mit einer festen roten Marmelade oder Gelee bestreichen. Marzipan passend zur halben Platte ausrollen und darüber legen. Die zweite Gebäckplatte mit der Marmeladenseite auf das Marzipan legen und andrücken. Das halbe Eiweiß fast steif schlagen, mit Staubzucker noch kurz aufschlagen und das zerlassene abgekühlte Hartfett unterrühren. Bittermandelöl und wenig Kuchenfarbe unterrühren. Auf den Kuchen streichen.

Backzeit: 15-20 Minuten
Backhitze: 180-200 °C

Dieser marzipan-pralinenähnliche, sehr lange haltbare Kuchen wird am besten mit mehreren Kuchensorten zu Festlichkeiten gebacken.
Er sieht sehr appetitlich aus, ist jedoch sehr süß. Durch den Eiweißguss wird er erst am 2. Tag schnittfest!

TIPP: *Mit Marmelade klebt das Marzipan besser. Der Guss soll nur ganz matt rosa werden. Auch weißer Guss sieht schön aus.*

Johannisbeer-Marzipan-Torte

Teig:
300 g Rohmarzipan, 3 EL Rum,
100 g Butter, 3 Eier,
75 g Mehl, 2 TL Backpulver,
2-3 Tropfen Bittermandelöl

Belag:
500 g rote Johannisbeeren,
frisch oder gefrostet,
300 ml Wasser,
75 g Zucker,
1 Päckchen Rote Grütze glatt,
400 ml Schlagsahne,
2 Päckchen Sahnesteif,
2 Päckchen Vanillezucker

Garnitur:
1 Päckchen Tortenguss,
250 ml roter Saft

Marzipanbröckchen mit Rum, weicher Butter, Bittermandelöl und Eiern cremig schlagen. Nun Mehl mit Backpulver untermischen. In einer Springform (26 cm Ø) verteilen und backen. Falls der Marzipanboden zu dunkel zu werden droht, mit etwas Alufolie abdecken.
Tiefkühl-Obst auftauen, frische Johannisbeeren putzen, waschen und gut abtropfen lassen. Aus Wasser, Zucker und Grützepulver einen Pudding kochen und die Beeren unterrühren. Die noch warme Masse auf den gebackenen Tortenboden verteilen. Sahne mit Vanillezucker und Sahnesteif steif schlagen und den größten Teil über die Torte streichen. Den Rest Sahne als Tupfer über den Rand spritzen. Die Tortenmitte mit dem aus Tortenguss und Saft zubereiteten Tortenguss garnieren. Dafür einen Spritzbeutel mit ganz kleiner Tülle verwenden oder einen Teelöffel zu Hilfe nehmen.

Backzeit: 30-35 Minuten
Backhitze: 180-200 °C

Nussbaiser-Torte

Teig:
4 Eigelb,
75 g Margarine,
2 EL Milch,
75 g Zucker,
175 g Weizen- oder Dinkelmehl,
1 Päckchen Backpulver

Belag:
4 Eiweiß,
125 g Zucker,
1 geh. TL Mehl oder Speisestärke,
125 g gemahlene Haselnüsse

Creme-Füllung:
750 ml Milch,
2 Päckchen Puddingpulver,
75-100 g Zucker,
100 g Butter,
50 g Würfelmargarine

Eigelb, Margarine, Milch und Zucker gut verrühren. Mehl mit Backpulver vermischt unterrühren. Den Teig in eine gefettete Springform (26 cm Ø) streichen.
Eiweiß langsam steif schlagen, nach und nach 100 g Zucker unterschlagen. Den letzten Löffel Zucker mit Speisestärke vermischt unterrühren. Die Masse soll dickcremig sein, nicht schaumig!
Nüsse mit 25 g Zucker vermischt unter die Eiweißmasse rühren. Gleichmäßig auf den Teig streichen und backen. Die Baisermasse soll trocken sein.
Aus Milch, Puddingpulver und Zucker einen Pudding kochen und mit der cremig gerührten Butter und Margarine eine Creme zubereiten. Torte oberhalb der Mitte quer durchschneiden und mit der Creme füllen. Oberfläche dünn mit Staubzucker besieben. Vor dem Verzehr kühl stellen.

Backzeit: 40-50 Minuten
Backhitze: 160-180 °C, unterhalb der Mittelschiene

Aus dem Kühlschrank serviert ist die Torte mit der leichten Creme eine wahre Erfrischung.

TIPP: *Die Torte erst am zweiten oder dritten Tag quer teilen und füllen.*

„Perlentorte" – Quarktorte mit Baiser

Teig:
75 g Margarine,
50 g Zucker,
1 TL Backpulver,
1 kleines Ei,
175 g Mehl

Belag:
750 g Magerquark,
125 g Zucker,
1 Päckchen Vanillezucker,
abgeriebene Schale von 1 Zitrone,
2 EL Zitronensaft,
3 Eigelb,
1 Päckchen Soßenpulver,
200 ml Sahne, 100 ml Milch,
175 g zerlassene Butter

Baiser:
3 Eiweiß,
1 Prise Salz,
100 g Zucker,
1 geh. TL Speisestärke,
evtl. 1 EL Zucker

Für den Teig die Margarine mit den übrigen Zutaten und 125 g Mehl verrühren, den Rest Mehl unterkneten. Teig in einer gefetteten Springform (26 cm Ø) ausrollen.
Quark mit Zucker, Vanillezucker, Zitronenschale und -saft, Eigelb und Soßenpulver verrühren. Sahne, Milch und zerlassene Butter unterrühren. Auf den Teig streichen und langsam goldgelb backen. Dann herausnehmen.
Für das Baiser Eiweiß mit Salz, dann Zucker langsam zu Schnee schlagen, d.h. den Zucker nach und nach unterschlagen, den letzten Löffel mit Speisestärke gemischt unterheben. Gleichmäßig über die Oberfläche der Torte verstreichen und mit der Gabel Wellen eindrücken. Dann 1 Esslöffel Zucker darauf streuen – das ergibt die Perlen oder Tränchen am nächsten Tag. Backen.

1. Backzeit: 50 Minuten
1. Backhitze: 170-180 °C
2. Backzeit: 20-25 Minuten
2. Backhitze: 150 °C

TIPP: *Lässt man den Esslöffel Zucker weg, bleibt die Baiserdecke schön trocken.*
Quarkmassen mit reichlich Butter und Sahne sind besonders gut und haltbar, denn es heißt, man soll dem Quark das wieder zurückgeben, was man ihm genommen hat – das Fett von der Milch.

Schoko-Sahnecreme-Torte

Teig:
4 Eier,
3 EL Wasser,
150 g Zucker,
125 g Mehl,
100 g Speisestärke,
2 EL Kakao,
1 geh. TL Backpulver

Füllung:
2-3 EL säuerliche Marmelade,
1 1/2 Päckchen Gelatine,
150 ml Milch,
150 g Bitterschokolade,
400 g Magerquark,
400 ml Schlagsahne

Dekoration:
75 g Mandelblättchen,
100 g Halbbitterkuvertüre

Eier mit Wasser schaumig aufschlagen, mit Zucker dickcremig schlagen. Mehl, Speisestärke, Kakao und Backpulver vermischt auf 3 mal langsam und kurz unterschlagen. In eine eingeölte, mit Grieß ausgestreute Springform (26 cm Ø) geben, glatt streichen und backen.
Erkaltet in der Mitte quer durchschneiden (am besten erst am 2. oder 3. Tag). Den untersten Boden mit der Marmelade dünn bestreichen. Gelatine in der warmen Milch auflösen, dann die zerbröckelte Schokolade zugeben und mit auflösen. Nicht kochen!
Bei Gelierbeginn mit dem Quark gründlich vermischen und die geschlagene Sahne unterziehen. Bis auf 2 Esslöffel die Creme auf den untersten Boden streichen und den 2. Boden darüber legen, etwas andrücken. Den Rest Creme dünn darauf streichen.
Mandelblättchen in trockener Pfanne leicht rösten und mit zerlassener Kuvertüre vermischen. Auf ein geöltes Brett streichen und nach dem Festwerden in Stücke brechen und auf der Tortenoberfläche verteilen.

Backzeit: 30-35 Minuten
Backhitze: 180 °C

Eine besonders feine Festtagstorte.

TIPP: *Schokobröckchen auf der noch nicht erstarrten Creme verteilen, damit sie kleben bleiben.*

vorn: Mohn-Ananas-Torte
hinten: Schoko-Sahnecreme-Torte

Mohn-Ananas-Torte

(für eine Springform 26 cm Ø)

Teig:

3 Eier (ca. 180-200 g),
100 g Zucker,
100 g Mehl,
1 TL Backpulver,
100 g ungemahlener Mohn

Belag:

1 mittelgroße Dose Ananas,
400 ml Sahne,
1 Päckchen Sahnesteif

Garnitur:

200 ml Sahne,
1 Päckchen Sahnesteif,
1 TL Gelatine,
2 EL Wasser,
125 ml Eierlikör

Eier mit Zucker dickcremig schlagen. Mehl mit Backpulver gesiebt vorsichtig mit einem Holzlöffel unterheben. Nun den Mohn vorsichtig unterrühren. In einer gefetteten Springform backen.

Ananas gut abtropfen lassen und in Würfel schneiden, noch etwas ausdrücken. Sahne mit Sahnesteif steif schlagen. Ananaswürfel mit der Sahne vermischen und auf den gebackenen Tortenboden geben.

Die Sahne für die Garnitur mit Sahnesteif steif schlagen und 2 EL davon über das Sahne-Ananas-Gemisch streichen. Mit dem großen Rest einen dichten Rand um die Torte spritzen und den Eierlikör in die Mitte verteilen. Eventuell den Eierlikör mit etwas Gelatine andicken.

Backzeit: 25-30 Minuten
Backhitze: 180 °C

Erdbeer-Quarkcreme-Torte

Biskuitboden:

3 Eier,
100 g Zucker,
4 EL Öl,
100 g Mehl,
1 TL Backpulver

Quarkcreme:

1 Päckchen Gelatine,
1/2 Päckchen rote Götterspeise oder ersatzweise 1/2 Päckchen Gelatine,
75 ml Wasser,
250 g Magerquark,
500 g Erdbeeren,
100 g Zucker,
200 ml Sahne,
1 Päckchen Vanillezucker,
1 Päckchen Sahnesteif

Eier und Zucker dickcremig schlagen. Öl und Mehl mit Backpulver vermischt langsam und nur kurz unterschlagen. Teig in eine Springform (26 cm Ø) geben und backen.
Für die Quarkcreme Gelatine mit Götterspeise und warmem Wasser unter Rühren gründlich auflösen. Nun 3 EL Quark unterrühren. Erst jetzt mit der gesamten Quarkmenge mit dem Schneebesen flott vermengen. So entstehen keine Klümpchen. Nun die mit Zucker pürierten Erdbeeren untermischen. Sahne mit Vanillezucker und Sahnesteif steif schlagen und unter die Quarkmasse ziehen. Alles auf dem lockeren Biskuitboden verteilen. Die Oberfläche kann mit Sahne garniert werden. Bis zum Servieren kühl stellen.

Backzeit: 25-30 Minuten
Backhitze: 180-200 °C

Locker, leicht und fruchtig ist diese einfache Erdbeertorte – und zudem schnell zubereitet.

Mango-Sahnecreme-Torte

Teig:
4 Eier, 2 EL Wasser,
125 g Zucker,
125 g Mehl,
75 g Speisestärke,
1 TL Backpulver

Füllung:
2 EL Orangen- oder Aprikosen-konfitüre,
1-2 Dosen Mangos,
4 EL abgetropfter Mangosaft,
2 EL Zitronensaft,
1 Päckchen Gelatine,
200 g Frischkäse,
1 Päckchen Vanillezucker,
1 Päckchen Sahnesteif,
300 ml Schlagsahne

Für die Oberfläche:
300 ml Sahne,
2 Päckchen Sahnesteif,
1 Päckchen Vanillezucker,
350 ml Mangosaft (alternativ Mango-Maracuja-Saft),
2 Päckchen Tortenguss klar,
Schokoraspel,
evtl. 2 EL Krokantstreusel für die Tortenmitte

Eier mit warmem Wasser kurz schaumig aufschlagen. Mit Zucker dickcremig schlagen. Mehl, Speisestärke und Backpulver nach und nach kurz unterschlagen. Teig in eine Springform (26 cm Ø) geben und backen.
Nach 1 bis 2 Tagen den Boden waagerecht durchschneiden und mit Orangen- oder Aprikosenkonfitüre den unteren Boden nicht zu dick bestreichen.
Die Mangos gut abtropfen lassen, Mangosaft auffangen. Mangostücke einmal zerschneiden und nicht zu dicht auf dem Konfitüreboden verteilen. In die Zwischenräume soll noch Creme passen.
Für die Creme Mango- und Zitronensaft erwärmen. Darin die Gelatine unter öfterem Rühren in ca. 10 Minuten auflösen. Nun mit dem Frischkäse gründlich untereinander schlagen. Die mit Sahnesteif und Vanillezucker steif geschlagene Sahne unterziehen. Die Creme über den Früchten verteilen und den zweiten Tortenboden darüber legen.
Die mit Sahnesteif und Vanillezucker steif geschlagene Sahne zum kleinen Teil über die Tortenoberfläche streichen. Mit dem großen Rest Sahne einen Rand spritzen: immer zwei Tupfer dicht nebeneinander.
Die Mittelfläche mit einer dicken Schicht Fruchtgelee bestreichen. Dafür aus Tortenguss mit Mangosaft einen schnittfesten Guss herstellen. Zwischen die Sahnetupferreihen Schokoraspel streuen.

Backzeit: 30-35 Minuten
Backhitze: 180-200 °C

Eine nicht nur optisch besonders feine Torte.

Marmortorte

Teig:
100 g Margarine,
Vanillezucker und abgeriebene Zitronenschale nach Geschmack,
125 g Zucker,
3 Eier,
150 g Mehl,
75 g Speisestärke,
1/2 Päckchen Backpulver,
7 EL Milch,
1 EL Kakao

Füllung:
500 ml Milch,
2 EL Zucker,
1 Päckchen Puddingpulver,
1 Päckchen Vanillesoßenpulver,
125 g Butter,
50 g Würfelmargarine,
2-3 EL Orangenmarmelade

Dekoration:
50 g Bitterschokolade,
2 EL Öl

Margarine und Gewürze mit Zucker verschlagen und die Eier nach und nach unterschlagen. Mehl, Speisestärke und Backpulver mit 5 EL Milch unterschlagen. 3/4 des Teiges in eine gefettete, mit Grieß ausgestreute Springform füllen. Den kleinen Teigrest mit Kakao und 2 EL Milch verrühren und gleichmäßig über den hellen Teig streichen. Mit einem hölzernen Löffelstiel ganz langsam Wellenlinien von oben nach unten durch den Teig ziehen. Backen.
Nach ein oder mehreren Tagen die Torte waagerecht teilen und evtl. die Oberfläche glatt schneiden. Den unteren Teil mit Orangen- oder Aprikosenmarmelade dünn bestreichen.
Aus Milch, Zucker, Pudding- und Soßenpulver einen straffen Pudding kochen. Weiche Butter und Margarine cremig schlagen und den handwarmen Pudding löffelweise unterschlagen. Die Creme bis auf 3-4 EL auf die Marmelade streichen und den kleinen Rest auf der Kuchenoberfläche verteilen. Bitterschokolade mit Öl schmelzen und mit einem Löffel eine Marmorierung auf die Creme streichen.

Backzeit: 30-35 Minuten
Backhitze: 180 °C

Durch den stabilen Teig und die „standhafte" Vanillecreme bleibt die Torte lange frisch und verliert nichts von ihrem schönen Aussehen und Geschmack.

Birnentorte

Teig:

75 g Zucker,
100 g Margarine,
175 g Mehl,
1 gestr. TL Backpulver,
2 Eigelb

Belag:

100 g Mandelblättchen,
3-4 EL Schmand,
1 Dose Birnen,
1 EL Zitronensaft,
1 TL Zimt,
3 Eiweiß,
100 g Zucker,
25 g Staubzucker,
1 EL Speisestärke

Aus den angegebenen Zutaten einen Mürbeteig kneten, evtl. 1 EL kaltes Wasser unterkneten. In eine Springform geben und backen.
Mandelblättchen in einer trockenen Pfanne etwas zur Farbe rösten. Erkaltet mit Schmand verrühren, so dass eine streichfähige Masse entsteht. Auf den vorgebackenen Boden streichen.
Birnen gut abgetropft je zur Hälfte in drei Spalten schneiden und mit Zitronensaft und Zimt vermischt auf der Mandelmasse verteilen. Eiweiß langsam ziemlich steif schlagen. Zucker, Staubzucker und Speisestärke vermischen und allmählich unterschlagen, bis die Masse steif ist. Die Eischneedecke über die Birnen streichen. Vom Rand her ca. 1/2 cm frei lassen. Mit Kamm garnieren und noch einmal in die Röhre schieben. Ganz langsam fertig backen, bis das Baiser ganz fest und knusprig ist.

1. Backzeit: 15 Minuten
Backhitze: 180-200 °C
2. Backzeit: 1-2 Stunden
Backhitze: 100-125 °C

Das ist eine milde, knusprig-süße Torte.

TIPP: *Will man nur eine cremig lockere Baisermasse, dann alles bei höherer Temperatur 10 bis 15 Minuten backen.*

Schnelle Rhabarbertorte

Teig:
150 g Mehl,
75 g Margarine,
50 g Zucker,
1 Ei,
1 Päckchen Vanillezucker,
1 TL Backpulver,
1 EL Schmand

Belag:
500 g geputzter Rhabarber,
in 1 cm große Stücke geschnitten,
100 g Zucker,
400 ml Milch,
2 EL Zucker,
1 Päckchen Puddingpulver,
1/2 Päckchen Gelatine,
3 EL Wasser,
200 ml Schlagsahne,
1 Päckchen Sahnesteif,
1 Päckchen Vanillezucker,
1-2 EL Krokant zum Bestreuen

Aus den Zutaten einen Mürbeteig kneten und auf einem gefetteten Tortenblech ausrollen. Tortenring umlegen. Rhabarberstücke mit Zucker vermischen, sofort auf dem Teig verteilen und backen, damit der Rhabarber nicht erst saftet.
Aus Milch, Zucker und Puddingpulver einen Pudding kochen und die im Wasser aufgelöste Gelatine im heißen Pudding gut verrühren. Abgekühlt die mit Sahnesteif und Vanillezucker steif geschlagene Sahne unter den noch nicht erstarrten Pudding ziehen. Die Oberfläche mit Krokant bestreuen. Bis zum Servieren kühl stellen.

Backzeit: 15-20 Minuten
Backhitze: 200 °C

Apfel-Baiser-Torte

Tortenböden:

4 Eigelb,
75 g Zucker,
1 Päckchen Vanillezucker,
125 g Butter,
150 g Mehl,
2 TL Backpulver,
4 EL Milch,
4 Eiweiß,
100 g Zucker,
75 g Staubzucker,
4 TL Speisestärke,
100 g Mandelblättchen / gehackte Mandeln

Füllung:

350 ml Apfelsaft,
500 g Apfelwürfel,
1-2 EL Zucker,
2 Päckchen Vanillezucker,
2 EL Zitronensaft,
1 Päckchen Vanillepuddingpulver,
400 ml Schlagsahne,
1 Päckchen Vanillezucker,
1 Päckchen Sahnesteif

Eigelb, Zucker, Vanillezucker und weiche Butter gut verrühren. Mit Mehl, Backpulver und Milch zu einem glatten Teig rühren. Die Teigmenge auf zwei Springformen (je 26 cm Ø) aufteilen. Eiweiß langsam cremig schlagen, den Zucker allmählich unterschlagen, bis alles steif und fest ist. Nun den Staubzucker mit der Speisestärke vermischt unterheben. Diese Masse halbieren und auf den Tortenböden verteilen. Mandelblättchen darüber streuen. Nacheinander im Ofen backen, bis die Mandelblättchen etwas Farbe haben.
Für die Füllung 300 ml Apfelsaft, Apfelwürfel, Zucker, Vanillezucker und Zitronensaft zugedeckt 6 bis 8 Minuten köcheln lassen, bis die Apfelwürfel weich sind. Mit 50 ml Saft und Puddingpulver das Apfelkompott andicken und aufkochen lassen. Apfelmasse auf einem Tortenboden verteilen. Den Großteil der mit Sahnesteif und Vanillezucker steif geschlagene Sahne über den völlig erkalteten Apfelbelag geben.
Den zweiten Tortenboden noch warm in 16 Tortenstücke teilen und auf die Sahne setzen. Dünn mit Staubzucker bepudern oder wie im Foto mit gehackten Mandeln bestreuen.

Backzeit: 15-20 Minuten
Backhitze: 180-200 °C

TIPP: *Statt Apfelsaft (am besten „naturtrüb") kann auch ein anderer gelber Saft eingesetzt werden (z.B. Orangensaft).*

Brokkolicremesuppe
(für 3-4 Personen)

500 g Brokkoli,
1 l Wasser,
1 Zwiebel,
2 EL Butter,
400 g Kartoffeln,
800 ml Gemüsebrühe (Brokkolikochwasser + 1 TL Hühnerbrühe),
Salz, Pfeffer, Muskat, Zucker,
1 EL Grieß, etwas Sahne,
Semmelröstel von 1 Semmelkopf,
gehackte Petersilie

In Stücke geschnittenen Brokkoli im leichten Salzwasser ziemlich weich kochen. Gewürfelte Zwiebel in Butter anschwitzen, feine Kartoffelwürfel zugeben, mit Gemüsebrühe ablöschen. Salz, Pfeffer, Muskat und wenig Zucker einrühren und ca. 20 Minuten kochen. Brokkoli abgegossen zugeben und alles aufkochen. Nun mit dem Pürierstab alles pürieren. Mit Grieß leicht binden. Einen Schuss Sahne unter die Suppe rühren.
Kleine Semmelwürfel in wenig Butter rösten und mit gehackter Petersilie über die Suppe streuen.

TIPP: *Wer mag, kann auch gebratene Bauchspeckwürfel über die Suppe streuen.*

Biersuppe auf Thüringer Art
(für 2-3 Personen)

250 ml Wasser,
1 kleines Stück Zimtstange,
1 kleines Stück Zitronenschale,
125 ml Milch,
1 geh. TL Mehl,
250 ml Bier (hell oder dunkel),
1-2 TL Zucker

Wasser mit Zimt und Zitronenschale aufkochen. Mit in Milch angerührtem Mehl leicht binden. Bier zugeben, aber nicht kochen, nur erhitzen. Mit Zucker abschmecken.

Das ist mal ein echtes Großmutterrezept. Die Suppe wird auf tiefe Suppenteller verteilt.

Bärlauchsuppe
(für 2 Personen)

300 g Kohlrabi,
100 g Kartoffeln,
1 Zwiebel,
30 g Butter,
1 EL Mehl,
1/2 l Brühe (aus 2 TL Geflügelbrühpulver),
50 g Bärlauchblätter,
1-2 EL Schmand,
1 rote Paprikaschote,
Salz, Pfeffer

Das Gemüse putzen, schälen. Zwiebelwürfel in zerlassener Butter anschwitzen. Kohlrabi- und Kartoffelwürfel zugeben und mit andünsten. Mehl darüber stäuben und anschwitzen. Brühe zugeben und alles in 20 bis 25 Minuten weich köcheln. Nun die geschnittenen Bärlauchblätter untermischen und mit dem Pürierstab alles zu einer gebundenen Suppe pürieren. Schmand unterrühren und die gewürfelte Paprikaschote. Mit Salz und Pfeffer abschmecken und alles noch einmal aufkochen. Evtl. noch Brühe zugeben.

Die kurze Bärlauchzeit sollte man nutzen, um Bärlauchsuppe, -butter und -pesto mit frischem Bärlauch zuzubereiten.

Eierflockensuppe
(für 1-2 Personen)

ca. 1/2 l Brühe,
2 Eier,
2 EL Wasser

Eine Brühe wie bei Geflügelsülze (S. 95) zubereiten, durch ein Sieb gießen, aufkochen. Die Eier in 2 Esslöffel Wasser verquirlen und in die kochende Brühe geben, quirlen und noch einmal aufkochen lassen.
Soll die Brühe etwas gebunden sein, darf sie nicht mehr kochen: Die kochende Brühe auf die Seite schieben und die verquirlten Eier unter flottem Rühren einlaufen lassen. Nicht mehr kochen!

Das ist eine gute Vorsuppe oder kräftigende Krankenkost.

Gulaschsuppe
(für 2 Personen)

200 g Rindfleisch (evtl. 1 große Roulade),
2 Zwiebeln,
1 kleine, rote Paprikaschote,
1 EL Öl, 1 Knoblauchzehe,
Chilipulver,
1 TL Salz, Pfeffer,
1 EL Mehl,
500 ml Fleischbrühe,
2 EL saure Sahne,
2 EL Schnittlauchröllchen

Fleisch in Streifen, Zwiebeln in kleine Würfel und Paprika in feine Streifen schneiden. Öl in einer Pfanne erhitzen. Die Fleischstreifen darin ringsum scharf und braun anbraten. Dann bei leichter Hitze Paprikastreifen und Zwiebelwürfel mit Knoblauch dazugeben und mit anbraten. Nun die Gewürze unterrühren, Mehl darüber stäuben und leicht mit anschwitzen. Dann die Brühe zufügen und zugedeckt alles ca. 50 bis 60 Minuten leise köcheln. Vor dem Servieren auf jeden Suppenteller einen Klecks saure Sahne auf die Suppe geben und mit Schnittlauchröllchen bestreuen.

Hähnchenbrustfilets in feiner Currysahne

(für 2-3 Personen)

300-400 g Hähnchenbrustfilet, Salz,
2 TL Öl, 2 TL Butter,
2-3 TL Currypulver,
1-2 EL Saft von 1 Orange,
1 EL Schmand,
50 ml Schlagsahne,
3 Salbeiblätter,
1 kleines Lorbeerblatt,
150 ml Hühnerbrühe (aus 1/2 TL Instantpulver),
1 Spritzer Zitrone,
evtl. 1 Prise Zucker

Fleisch einsalzen und im Öl-Butter-Gemisch ca. 10 Minuten langsam beidseitig etwas zur Farbe anbraten. Aus der Pfanne nehmen. Currypulver in den Bratsatz rühren. Orangensaft, Schmand und Sahne einrühren, Salbei und Lorbeerblatt zugeben. Mit Brühe aufkochen.
Fleisch wieder in die Soße legen und bei ganz wenig Hitze auf der Herdplatte noch ein paar Minuten langsam dämpfen, bis das Fleisch weich ist. Zwischendurch evtl. noch ein wenig Brühe angießen. Mit einem kleinen Spritzer Zitronensaft und evtl. mit einer Prise Zucker lieblich abschmecken. Vor dem Servieren in Scheiben schneiden. Dazu dicken Reis mit Salat reichen.

Ein ganz feines, zartes Gericht.

Hähnchengericht
(für 2 Personen)

2 Hähnchenkeulen,
1 TL Paprikapulver,
1 TL Hähnchengewürzsalz,
1/2 TL Salz, Pfeffer,
2-3 ganz dünne Bauchspeck-scheiben,
1 rote Paprikaschote,
1 Zwiebel,
1 EL zerlassene Butter,
150 g kleine Champignons,
1 TL Butter,
Salz, Pfeffer,
150 ml Brühe

Die Keulen mit den Gewürzen einreiben. Eine feuerfeste Form mit den Bauchspeckscheiben auslegen, Keulen darauf geben. Kleine Paprika- und Zwiebelwürfel um das Fleisch legen, Keulen mit zerlassener Butter beträufeln. Zugedeckt im Ofen halb weich garen.
Inzwischen die Champignons mit wenig Butter, Salz und Pfeffer kurz zur Farbe anrösten und dann auf das Gemüse geben. Brühe angießen und aufgedeckt im Ofen noch 20 bis 30 Minuten weich garen. Keulen auf den Pfannendeckel oder eine kleine Metallplatte legen und im heißen Ofen für eine knusprige Haut noch etwas überbräunen.

1. Backzeit: 30 Minuten
2. Backzeit: 20-30 Minuten
Backhitze: 180 bis 200 °C

Dazu trockener Reis und ein Salat – schmeckt wunderbar.

Grüner Spargel mit Geschnetzeltem

(für 2-3 Personen)

200 ml Wasser,
1 gestr. TL Salz, 1/2 TL Zucker,
250 g geputzter grüner Spargel,
200-250 g Hähnchen (Schnitzel oder Brustfilet),
2 TL Butterschmalz,
1 kleines Stück Zwiebel,
1 geh. TL Mehl,
150-200 ml Spargelwasser,
50 ml Sahne,
50 g Kräuterschmelzkäse,
Salz, Pfeffer,
1-2 kleine Tomaten
125-150 g Bandnudeln

Wasser mit Salz und Zucker zum Kochen bringen. Spargel nur am unteren Drittel schälen. Die Stangen in zwei oder drei Teile schneiden, ins kochende Wasser geben und in 10 bis 15 Minuten weich kochen.

Fleisch in Streifen schneiden und im Butterschmalz anbraten. Zwiebelwürfel zugeben und kurz mit anrösten. Mehl darüber stäuben. Spargelbrühe angießen und die Sahne einrühren. Alles ca. 10 Minuten leicht kochen lassen. Kräuterschmelzkäse in kleinen Bröckchen zugeben und zerkochen lassen. Mit Salz und Pfeffer abschmecken.

Inzwischen Bandnudeln kochen. Mit dem Spargel auf Tellern anrichten. Das Geschnetzelte darüber geben, dabei soll noch etwas vom Spargel zu sehen sein. Die kleinen Tomaten halbieren oder vierteln, in Butter leicht schwenken und als kleinen Farbtupfer über die Nudeln verteilen.

Ein sehr dekoratives und wohlschmeckendes Gericht.

Chicoree-Geflügel-Auflauf

(für 2 Personen)

300 g Hähnchen- oder Putenbrustfilet,
1 EL Öl, Salz, Pfeffer,
4 Chicoree, 2 Tomaten,
100 ml Geflügelbrühe (aus 1 TL Instantpulver),
50 g Schmand,
1 EL Orangensaft,
2 TL Currypulver,
50 g Reibekäse

Fleisch in grobe Stücke schneiden und im heißen Öl 10 bis 15 Minuten langsam braten. Mit Salz und Pfeffer würzen. Chicoree von schlechten Blättern befreien. Längs halbieren, Strunk herausschneiden und die Blätter nach unten in eine gefettete Auflaufform legen, sie sollen aber noch zusammenhalten. Die Fleischwürfel und die grob gewürfelten Tomaten über den Chicoree legen. Den Bratsatz mit der Brühe ablöschen und mit Schmand, Orangensaft und Currypulver verquirlt über den Auflauf gießen. Reibekäse darüber streuen und backen.

Backzeit: 35 Minuten
Backhitze: 180-200 °C

Brokkoliauflauf

(für 2-3 Personen)

500 g Brokkoli,
150 g Kochschinken,
200 ml Milch,
2 Eier,
Salz, Pfeffer,
50 g Reibekäse

Brokkoliröschen in leichtem Salzwasser halb weich kochen. Die Strünke zerteilt etwas früher ins kochende Wasser geben. Abgießen und in eine gebutterte Auflaufform geben. Gewürfelten Kochschinken darüber streuen. Eier in Milch verquirlen und mit Salz und Pfeffer sparsam würzen. Die Eiermilch über den Auflauf gießen. Mit Reibekäse bestreut goldgelb backen.

Backzeit: 20-30 Minuten
Backhitze: 180-200 °C

Ein schnelles und sehr schmackhaftes Gericht.

Wirsing-Hackfleisch-Auflauf
(für 2-3 Personen)

250-300 g gewürztes Gehacktes (Schwein oder Halb+Halb),
750 ml Brühe (aus 2 TL Instantpulver),
200 g Wirsingkohlstreifen,
50 g Bandnudeln,
1/2 rote Paprikaschote,
50 g Reibekäse,
1/2 Tasse Wirsingkochwasser

Das Gehackte in eine gebutterte Auflaufform geben. Die in der Brühe gekochten Wirsingstreifen gut abgetropft zur Hälfte über dem Gehackten verteilen. Die Nudeln im Wirsingkochwasser bissfest kochen und abgetropft über dem Wirsing verteilen. Paprikaschote putzen, Kerne und Häutchen entfernen, Schote in Würfel schneiden und mit den restlichen Wirsingstreifen vermischt über die Nudeln geben. Mit Reibekäse bestreuen, eine halbe Tasse Wirsingkochwasser darüber gießen und backen.

Backzeit: 20-25 Minuten
Backhitze: 180-200 °C

TIPP: Die Nudeln kann man auch weglassen.

Knusprige Kartoffelpuffer
(für 10 Stück/ 2 Personen)

375-400 g Kartoffeln,
1 große Zwiebel,
2 Eier,
2 EL Haferflocken,
Salz, Pfeffer, Öl

Die Kartoffeln schälen, raspeln und in einem Kloßsack oder Küchentuch leicht ausdrücken. Geriebene Zwiebel, Eier und Haferflocken unterziehen. Mit Salz und Pfeffer würzen.
Öl erhitzen und einen guten Esslöffel voll Teig in die Pfanne geben, etwas breit drücken und beidseitig goldbraun braten. Dazu gibt es Apfelmus.

Buntes Schleifchengericht

(für 2 Personen)

75 g Schleifchennudeln,
100 g Möhrenscheiben,
150-200 ml Geflügelbrühe (aus 1 TL Instantpulver),
100 g Brokkoliröschen,
200 g Putenbrustfilet oder Hähnchenbrust,
1 EL Öl oder Butter,
1/2 Zwiebel,
50 g Kräuterfrischkäse,
Worcestersoße,
Salz, Pfeffer, Chili,
20 g braune Butter

Nudeln in 10 bis 15 Minuten im leichten Salzwasser weich kochen. Möhrenscheiben in Brühe 3 Minuten kochen. Brokkoliröschen dazugeben und köcheln, bis beides weich ist. Fleisch in größere Würfel schneiden und im heißen Öl ringsum schön braun braten. Aus der Pfanne nehmen und die Zwiebelwürfel im Bratfett hell anrösten.
Brühe, die vom Gemüse abgegossen wurde, mit Kräuterfrischkäse, ein paar Spritzern Worcestersoße und Gewürzen abschmecken und zu den Zwiebeln geben. Alles mit Fleisch, Gemüse und Schleifchennudeln vermischen. Braune Butter über das Gericht träufeln.

Sieht sehr schön aus und schmeckt prima.

Kerstins schnelle Hackfleischnudeln

(für 2-3 Personen)

2 Zwiebeln, 1 EL Öl,
300 g gewürztes Gehacktes,
1 Knoblauchzehe,
1 Packung pürierte Tomaten,
200 g Bandnudeln,
Salz, Pfeffer, 1/2 TL Zucker,
Chilipulver,
Reibekäse

Zwiebelwürfel in heißem Öl mit zerdrücktem Gehackten und zerkleinertem Knoblauch unter Rühren krümelig anbraten. Die pürierten Tomaten untermischen. Mit wenig Salz, Pfeffer, Chilipulver und Zucker abschmecken. Diese Gehacktes-Soße mit den in leichtem Salzwasser oder Brühe gekochten Nudeln vermischen. Auf Tellern anrichten und mit Reibekäse bestreuen.

Gefüllte Spitzpaprika

(für 4 Personen)

100 g Reis,
350 g Champignons,
1 mittelgroße Zwiebel,
20 g Butter,
1 Ei,
Salz, Pfeffer,
75 g Reibekäse,
4 Spitzpaprika,
50 g Kräuterbutter,
1 EL gehackte Petersilie

Reis in reichlich leichtem Salzwasser weich kochen. Kleingeschnittene Pilze mit Zwiebelwürfeln in heißer Butter braten. Ei mit Salz und Pfeffer würzen, mit Reibekäse und evtl. mit 1 Esslöffel Wasser verquirlen. Alles mit den Pilzen vermischen und den ausgequollenen Reis und die Petersilie unterrühren. Paprikaschoten längs in der Mitte aufschneiden, die Kerne rausschaben und mit der Reismasse füllen. Übrig gebliebene Reismasse in die ausgebutterte Auflaufform geben. Die Paprikaschoten nebeneinander darüber legen. Mit zerlassener Kräuterbutter beträufeln. An der Seite 3 Esslöffel Wasser zugeben. Mit Alufolie bedeckt im Ofen 30 Minuten überbacken.

Backzeit: 30 Minuten
Backhitze: 180-200 °C

Kartoffelschnitzel mit Bohnengemüse
(für 2 Personen)

2 Putenschnitzel (250-300 g),
Salz, Pfeffer,
1 EL Mehl, 1 Ei,
300 g grob geraspelte Kartoffeln,
1-2 EL Öl oder Butterschmalz

Schnitzel mit Salz und Pfeffer würzen, in Mehl wenden, durch verschlagenes Ei ziehen und in die grob geraspelten Kartoffeln drücken. Bei mittlerer Hitze im heißen Öl oder Butterschmalz beidseitig braten, bis die Kartoffelmasse weich, gebräunt und knusprig ist. Dazu schmeckt Bohnengemüse.

TIPP: Einfacher geht alles, wenn man etwas Kartoffelmasse in heißes Fett gibt und die Schnitzel darüber legt. Den Rest Kartoffelmasse über die durch Ei gezogenen Schnitzel drücken und wenden, wenn die untere Seite fertig gebräunt ist. Nicht zu dunkel werden lassen, langsam braten.

Bohnengemüse
(für 2 Personen)

250 g grüne Bohnen,
1/2 kleine Zwiebel,
1 TL Butter,
1 leicht geh. TL Mehl,
1/2 Tasse Brühe,
1 EL Kräuterfrischkäse oder Schmand,
Zucker, Zitronensaft,
Salz, Pfeffer

Die geschnippelten Bohnen im leichten Salzwasser ca. 20 bis 25 Minuten weich kochen. Kleingeschnittene Zwiebel in Butter leicht anrösten, Mehl darüber stäuben und die Brühe zugießen. Alles zu einer dickflüssigen Soße verkochen und mit den gut abgetropften Bohnen vermischen. 1 Esslöffel Kräuterfrischkäse oder Schmand unterrühren. Alles mit einer Prise Zucker, Pfeffer, Zitronensaft und evtl. Salz abschmecken.

Dieses altmodische Bohnengemüse passt auch gut zu Salzkartoffeln und Fleisch ohne Soße.

Gefüllte Schweinelende

(für 3 Personen)

500 g Schweinelende,
Salz, Pfeffer, Kümmel

Füllung:
1/2 Semmelkopf,
3 EL Milch,
50 g Zwiebelwürfel,
20 g Bauchspeck,
150 g Champignons,
1 Ei, 1 EL gehackte Petersilie,
Salz, Pfeffer, Muskat,
1 EL Öl, 1 EL Schmand

Die Lende in der Mitte einschneiden, aber nicht durchschneiden, nur etwas breit klopfen. Semmel in Würfel schneiden und die Milch darüber gießen. Zwiebel mit Bauchspeckwürfeln und klein gehackten Pilzen braten. Ei und Petersilie untermischen. Semmelwürfel zugeben und alles sparsam mit Salz, Pfeffer und Muskat würzen. Etwas abgekühlt die mit Salz, Pfeffer und Kümmel eingeriebene Lende füllen. Mit Küchengarn umwickelt im heißen Öl ringsum braun anbraten, dabei öfter ganz wenig Wasser zugeben und den Schmand einrühren. So lange braten, bis die Lende weich und die Soße ziemlich eingekocht ist.
Dazu schmeckt Aschkloß oder Rapunzel-Kartoffel-Salat.

TIPP: *Die Lende sollte während des Bratens öfter mit Bratsatz beschöpft werden. Nach dem Anbraten bei nicht zu starker Hitze fertig braten.*

Gefüllte Schweinelende mit Aschkloß

Aschkloß

(für 3-4 Personen)

500 g Kloßteig aus der Tüte,
5-6 dünne Semmelscheiben,
1 Ei,
125 ml Milch

Kloßteig aus der Tüte nehmen, durchkneten und in eine passende Auflaufform drücken. Semmel in 5 bis 6 Scheiben schneiden und fächerartig auf den Kloßteig geben. Ei in Milch verquirlt über den Kloßteig gießen. In der Röhre backen, bis die Semmelränder braun und knusprig sind. Dazu können alle Braten mit Soße serviert werden.

Backzeit: 40-50 Minuten
Backhitze: 200 °C

Aschkloß ist heute ein Blitzgericht. Früher war der Aschkloß weit verbreitet. Damals mussten die Kartoffeln geschält, mit der Hand gerieben und mit einem Kloßsack ausgepresst werden.

Weimarer Zwiebelpfanne

(für 4 Personen)

250 g Zwiebeln,
250 g gewürztes Gehacktes,
1 EL Semmelmehl,
1 Ei, 1 EL Öl,
50 ml Schlagsahne,
150 ml Brühe (von 1/2 TL Instantpulver),
1 geh. TL Senf, 1 EL Tomatenmark,
Salz, Pfeffer,
1/2 TL Kümmel,
1 EL Kräuter

Die geschälte Zwiebel in Scheiben schneiden und im kochenden Wasser ca. 10 Minuten garen. Gehacktes mit Semmelmehl und Ei vermischen und Bällchen formen, im erhitzten Öl ringsum braun braten und aus der Pfanne nehmen. Die gegarten Zwiebelscheiben (halbe Ringe) im Hackbällchenfett (evtl. noch etwas Butter zugeben) etwas zur Farbe anrösten. Sahne, Brühe, Senf, Tomatenmark, Salz, Pfeffer und Kümmel verquirlen und zu den Zwiebeln geben. Die Bällchen in die Zwiebelsoße geben und alles kurz köcheln lassen. Auf Tellern verteilen und mit frisch gehackten Kräutern bestreuen. Dazu passen Kartoffelpüree und Sauerkrautsalat.

Rinderschmorbraten mit Champignons

(für 4 Personen)

1 kg Bratenfleisch,
2 TL Salz, Pfeffer,
1 EL Butterschmalz,
50 g Speck (zur Hälfte Bauchspeck),
1 Zwiebel,
1 Stück Möhre,
1 Stück Sellerie,
knapp 1 EL Tomatenmark,
knapp 1 EL Senf,
100 ml Schmand,
1 Lorbeerblatt,
150 g Champignons, Salz,
1 kleine Zwiebel,
2 TL Butter,
2 TL Mehl

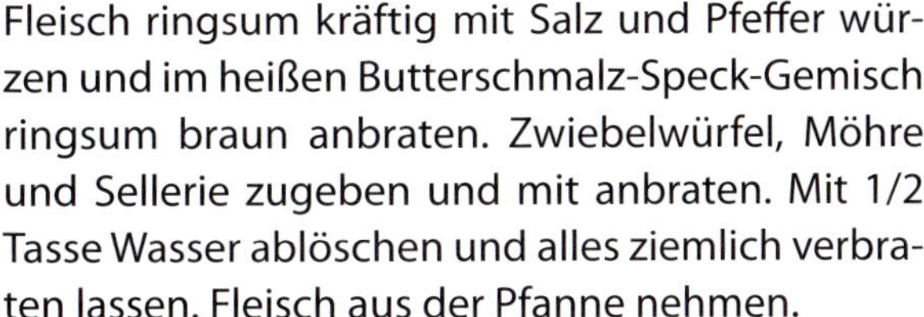

Fleisch ringsum kräftig mit Salz und Pfeffer würzen und im heißen Butterschmalz-Speck-Gemisch ringsum braun anbraten. Zwiebelwürfel, Möhre und Sellerie zugeben und mit anbraten. Mit 1/2 Tasse Wasser ablöschen und alles ziemlich verbraten lassen. Fleisch aus der Pfanne nehmen.
Tomatenmark, Senf, Schmand und einen Schuss Wasser verquirlen und in der Pfanne unter Rühren etwas einschmoren lassen. Fleisch mit etwas Schmand bestreichen und mit dem Lorbeerblatt in die Pfanne zurückgeben. Wasser oder leichte Brühe zugeben, bis das Fleisch halb bedeckt ist. Zugedeckt im Ofen weich schmoren.
Leicht gesalzene Pilze mit Zwiebelwürfeln in Butter braten und zur Soße in die Pfanne geben. Die aufgedeckte Pfanne nochmals in den Ofen schieben.
Das erkaltete Fleisch in Scheiben schneiden und zurück in die Soße legen. So können Soße und Fleisch gut durchziehen. Am nächsten Tag die erhitzten Fleischscheiben dachziegelartig auf eine Platte legen und warm halten. Die Soße mit Mehl binden (nicht zu dick und nicht zu dünn). Pilze um den Braten auf die Platte legen. Dazu Thüringer Klöße mit Rotkraut oder Rosenkohl servieren.

Backzeit: 60-70 Minuten zugedeckt;
weitere 20 Minuten offen
Backhitze: 180 °C

Das ist ein ganz besonders feiner Braten.

Gebackene Pilze

(für 2 Personen)

350 g küchenfertige Waldpilze oder Champignons,
1 Zwiebel,
1 EL Butter,
3 Eier,
1/2 l Milch,
Salz, Pfeffer,
1/2 Semmelkopf,
1 EL fette Bauchspeckwürfel

Die Pilze klein hacken und mit ganz klein geschnittener Zwiebel in wenig Butter etwas braten. Dann in eine Auflaufform geben und die in Milch verquirlten Eier mit Salz und Pfeffer gewürzt darüber gießen. Semmel klein würfeln und mit Bauchspeckwürfeln über den Auflauf streuen. Überbacken, bis alles fest ist. Dazu schmecken Petersilienkartoffeln und ein Gartensalat.

Backzeit: ca. 20 Minuten
Backhitze: 180-200 °C

Einfaches, sparsames Gericht aus alten Zeiten, das aber auch heute jedem Pilzliebhaber mundet.

TIPP: Waldpilze haben einen kräftigeren Geschmack.

Lebergericht

(für 2 Personen)

1 Zwiebel (100 g),
75 g Apfelwürfel,
1 EL Öl oder Butterschmalz,
250 g Geflügelleber,
Salz, Pfeffer,
1 geh. TL Mehl,
3-4 Blätter Salbei oder 1 TL getrockneter Salbei,
1 Tasse Hühnerbrühe,
2 EL Frischkäse oder Schmand,
100 g Nudeln

Zwiebel- und Apfelwürfel im heißen Fett anrösten. Gewürfelte Leber zugeben, kurz mit anrösten und durchbraten. Mit Salz und Pfeffer würzen und mit Mehl bestäuben. Zerzupften Salbei und die Brühe einrühren. Kurz köcheln lassen und den Frischkäse unterrühren. Evtl. noch Brühe zugeben. Alles über die gekochten Nudeln geben.

Eine gute Alternative zu den sonst üblichen Lebergerichten.

Hähnchen im Gemüsebett

(für 2 Personen)

50 g Bauchspeck,
1 EL Öl,
2 Hähnchenkeulen (600-700 g),
Hähnchengewürzsalz,
1 Zwiebel,
1 Knoblauchzehe,
200 g Tomaten,
200 g Möhren,
150 ml Weißwein,
150 ml Hühnerbrühe,
200 g Champignons,
20 g Butter,
Salz und Pfeffer

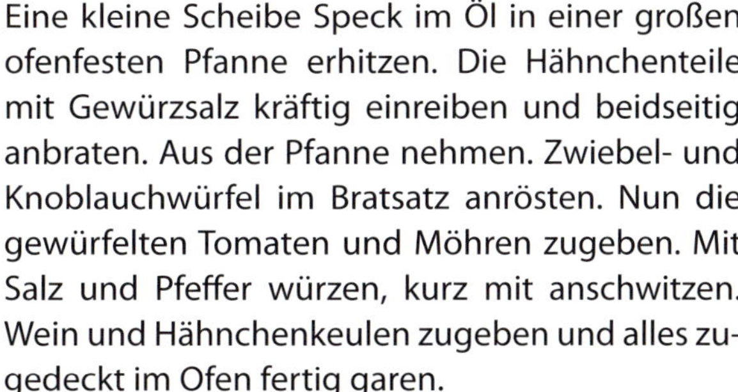

Eine kleine Scheibe Speck im Öl in einer großen ofenfesten Pfanne erhitzen. Die Hähnchenteile mit Gewürzsalz kräftig einreiben und beidseitig anbraten. Aus der Pfanne nehmen. Zwiebel- und Knoblauchwürfel im Bratsatz anrösten. Nun die gewürfelten Tomaten und Möhren zugeben. Mit Salz und Pfeffer würzen, kurz mit anschwitzen. Wein und Hähnchenkeulen zugeben und alles zugedeckt im Ofen fertig garen.
Zwischendurch Brühe nachgießen. Kleine halbierte oder geviertelte Champignons in heißer Butter mit wenig Salz und Pfeffer in nur wenigen Minuten goldgelb anbraten. Die Keulen auf eine Metallplatte oder ein kleines Backblech legen. Das Gemüse mit den Champignons darum verteilen und noch einige Minuten in die heiße Röhre schieben, bis das Fleisch gebräunt ist, evtl. Grill einschalten. Dazu passt Reis.

Backzeit: 50-60 Minuten
Backhitze: 180 °C

Ein feines Sonntagsgericht oder wenn Gäste kommen.

Gemüsepfanne mit Lachsfilets

(für 2 Personen)

1 kleine Zwiebel,
1 TL Butter,
150-200 g Möhrenscheiben,
1 Kohlrabi,
50 g Sellerie,
75 ml Brühe (von 1/2 TL Instantpulver),
1/2 TL Salz,
1/2 Paprikaschote,
2 Lachsfilets (TK),
Salz, Pfeffer, Zitronensaft,
50 g Kräuterbutter,
Semmelmehl,
2-3 TL Currypulver,
75 ml Sahne

Zwiebelwürfel in wenig Butter kurz anrösten. Möhrenscheiben, Kohlrabistifte und kleingeschnittenen Sellerie unter Rühren kurz mitrösten. Das Gemüse auf kleiner Flamme, mit ganz wenig Brühe und Salz verquirlt nicht ganz weich dünsten. Dann in eine Auflaufform geben. Die angetauten Lachsfilets abwaschen, trockentupfen, mit Zitronensaft, Salz und Pfeffer würzen und mit der in Streifen geschnittenen Paprika über das Gemüse legen. Mit zerlassener Kräuterbutter den Fisch beschöpfen. Semmelmehl darüber streuen und die mit Currypulver und wenig Salz verquirlte Sahne über die Fischstücke geben und backen.

Backzeit: 25-30 Minuten
Backhitze: 180-200 °C

Ein besonders gutes Pfannengericht, bei dem Kartoffeln als Beilage nicht unbedingt nötig sind.

Ofenforellen

(für 2 Personen)

2 Forellen (500 g),
2 TL Zitronensaft,
Salz, Pfeffer,
4 Zweige Rosmarin,
1 EL Butter,
1 EL Semmelmehl,
40 g Reibekäse

Forellen auftauen, abwaschen und trocken tupfen. Mit Zitronensaft beträufeln, sparsam salzen und pfeffern und je 2 kleine Rosmarinzweige in den Bauch stecken. Eine passende Bratpfanne mit Butter ausstreichen und mit Semmelmehl bestreuen. Forellen hinein legen und mit zerlassener Butter beschöpfen. Rest Semmelmehl mit Reibekäse vermischt darüber streuen und überbacken. Zwischendurch mit 1/2 Tasse Wasser oder Weißwein an der Seite angießen.

Backzeit: 20-25 Minuten
Backhitze: 200 °C

Die Ofenforellen sind ein knusprig-saftiges Schnellgericht, am besten mit Kartoffelsalat.

Heringsschüssel

(für 2 Personen)

1 Packung Matjesheringe (250-300 g),
100 ml Schmand,
1 EL fettreduzierte Mayonnaise oder Salatcreme,
1/2 Tasse Gurkenbrühe,
50-100 ml Milch,
3-4 kleine Gewürzgurken,
1 kleine Zwiebel,
1/2 kleiner Apfel,
Pfeffer aus der Mühle,
1/2 Lorbeerblatt, 2 Wacholderbeeren

Die Heringsfilets ca. 1/2 Stunde wässern. Schmand, Salatcreme und Gurkenwasser mit Milch verquirlen und in eine Schüssel geben. Gewürfelte Gurke, Apfel- und Zwiebelringe und etwas Pfeffer dazugeben. Übrige Gewürze dazugeben.
Matjesfilets in zwei bis drei Stücke schneiden und in die Soße geben. Über Nacht durchziehen lassen. Am nächsten Tag zu Pellkartoffeln, Röst- oder Bratkartoffeln servieren. Dazu passt ein Blattsalat.

TIPP: *1/2 Teelöffel Senf unter die Soße gemischt macht alles noch pikanter.*

Tomatenfisch unter der Kräuterhaube

(für 2 Personen)

250-300 g Fischfilets (TK),
1 EL Tomatenmark,
1 EL Schmand, 1 EL Senf,
wenig Zitronensaft,
Salz, Pfeffer,
1 EL zerlassene Butter,
2 Tomaten, 2 Zwiebeln,
1-2 TL Öl,
3 EL Wasser,
50 g Kräuterschmelzkäse,
1/4 TL Geflügelbrühpulver (Instant),
1 EL Schnittlauchröllchen,
1 EL gehackte Petersilie

Fischfilets ziemlich auftauen, abwaschen und mit Küchenkrepp abtrocknen. Tomatenmark mit Schmand und Senf verrühren und in die gebutterte Auflaufform streichen. Fischfilets dicht nebeneinander in die Form legen. Einen Spritzer Zitronensaft darauf geben und wenig Salz und Pfeffer darüber streuen. Mit zerlassener Butter beträufeln, dann die Tomatenscheiben über den Fisch legen. Zwiebelringe kurz in Öl anrösten und über die Tomaten geben. Wasser mit Kräuterschmelzkäse und Brühpulver vermischen und über den Tomaten verteilen. Mit Schnittlauchröllchen und gehackter Petersilie bestreuen und im Ofen backen.
Dazu schmecken Kartoffelpüree und ein frischer Salat. Die schmackhafte Soße auch über das Kartoffelpüree geben, sieht sehr dekorativ aus.

Backzeit: 30-40 Minuten
Backhitze: 180-200 °C

Allerlei leckere Kleinigkeiten

Gänsefett

Fett von 1 Gans,
1/2 TL Salz,
1 kleiner Zweig Beifuß,
1/2 kleiner Apfel,
1/2 Zwiebel

Hat man eine fette Gans, wird das Fett vor dem Braten aus der Gans geschält und in einem Topf langsam ausgelassen. Etwas Salz, Beifuß, ein Stück Zwiebel und ein Stück Apfel in das köchelnde Fett geben und etwas mitbraten lassen. Dann durch ein Sieb geben und in Schüsseln im Kühlschrank aufbewahren. Dazu schmeckt frisches, knuspriges Brot und Harzer Käse.

TIPP: *Das Fett erst kurz vor dem Essen aus dem Kühlschrank nehmen, denn es wird schnell flüssig. Gibt man etwas Butter (auch leicht gebräunt) unter das Fett, wird es stabiler. Da es ist nicht lange haltbar ist, lässt sich das Fett auch problemlos einfrieren.*

Gabelfrühstück
(für 1-2 Personen)

100 g Knackwurst,
1 TL Öl,
1 kleine grüne Paprikaschote,
1 Tomate,
3-4 Eier,
Salz, Pfeffer,
30 g Reibekäse

In Scheiben geschnittene Knackwurst im heißen Öl mit Paprikastreifen braten, bis die Paprika fast weich ist. Nun die Tomatenscheiben zugeben und kurz mit andünsten. Eier kurz mit einer Gabel verschlagen und darüber geben, mit Salz und Pfeffer würzen, braten. Mit Reibekäse bestreut servieren.

Ein schnelles Frühstück, Mittagessen oder Abendbrot. Dazu dunkle Brötchen oder Kartoffelpüree.

Geflügelsülze
(für 2-3 Personen)

500 g Hühnerklein (TK),
200-250 g Geflügelfleisch (TK),
1/2 l Wasser,
je 50 g Möhre, Sellerie und Porree,
1 TL Salz,
1/2 Lorbeerblatt, 1 Nelke,
1 Pimentkorn,
4-5 TL Kräuteressig, 2-3 TL Zucker,
2 Päckchen Gelatine,
1/2 l Brühe (abmessen)

Geflügelklein und Geflügelfleisch auftauen lassen und abwaschen. Beides ins heiße Wasser geben und auf 1. bis 2. Stufe ca. 30 Minuten aufgedeckt langsam köcheln. Das Gemüse mit Salz und Gewürzen zugeben. Weiter köcheln, bis das Fleisch weich ist. Erkaltetes Fleisch würfeln, Gemüse klein schneiden und in eine Schüssel geben. Kochbrühe durch ein Sieb gießen und mit Essig, Zucker, evtl. Salz fein mild abschmecken. Die Gelatine in der warmen Brühe vollständig auflösen, öfter umrühren. Dann die Brühe über die Fleisch- und Gemüsewürfel gießen. Schüssel über Nacht in den Kühlschrank stellen. Am nächsten Tag mit Butterbrot oder zu Bratkartoffeln mit einem Löffel leichter Salatcreme servieren.

TIPP: *Ist die Sülze kalt und fest, das Fett von der Oberfläche nehmen.*
Anstatt Salatcreme schmeckt Sülze auch mit Öl, wenig Essig und Zwiebelringen.

Gemüsetorte
(für 2-3 Personen)

Teig:
200 g Dinkelmehl,
1/2 Pck. Trockenhefe,
1 EL Öl,
100 ml warmes Wasser,
1 Prise Salz

Belag:
1 große Zwiebel,
1 TL Öl,
4 Tomaten,
2 Paprikaschoten (bunt),
200 g Salami,
175 ml Schmand,
1/2-3/4 TL Salz, Pfeffer,
2 Eier,
1 Knoblauchzehe,
75 g Reibekäse

Mehl mit Hefe vermischen, Öl, Wasser und Salz unterkneten. Teig 1/2 Stunde zugedeckt gehen lassen. Teig auf einem Tortenblech (26-28 cm Ø) dünn ausrollen und einen 2 bis 3 cm hohen Rand andrücken. Teig mit einer Gabel mehrmals einstechen.
Zwiebeln würfeln, in Öl kurz andünsten und mit gewürfelten Paprikaschoten, gewürfelten Tomaten und mit der in Streifen geschnittenen Salami der Reihe nach auf dem Teig verteilen.
Schmand mit reichlich Salz und Pfeffer und den Eiern gut verquirlen. Fein gewürfelten Knoblauch unterrühren und mit einem Löffel alles über der Torte verteilen.
Mit Reibekäse bestreuen und auf der mittleren Schiene backen, bis alles fest und leicht gebräunt ist.

Backzeit: 50-60 Minuten
Backhitze: 150-180 °C, Mittelschiene

TIPP: *Diese Torte muss langsam, bei nicht zu starker Hitze gebacken werden. Erst dann wird der Teig fest und knusprig. Bäckt man sie am nächsten Tag noch mal auf, knuspert sie wieder.*
Man kann auch mehrere kleine Formen füllen, dann wird das Gebäck flacher, die Backzeit ändert sich nicht.

Sardinencreme

1 Dose Ölsardinen,
50 g Butter,
50 g Kräuterbutter,
1/2 TL Senf,
1/2 kleine Zwiebel, Salz, Pfeffer

Öl von den Sardinen abgießen. Butter, Kräuterbutter und zerkleinerte Ölsardinen mit Senf verrühren. Ganz klein gewürfelte Zwiebel mit einer Prise Salz und Pfeffer zugeben und mit dem Pürierstab zu einer Creme mixen.
Lecker auf Partyhäppchen. Mit Gewürzgurkenscheiben und Dill garnieren.

Sardellenbutter (falsche)

70 g Matjesfilets,
125 g Butter,
1 Spritzer Zitronensaft

Hering aus der Packung nehmen, abspülen, abtrocknen und mit dem Wiegemesser stark zerkleinern. Zum Schluss mit einem breiten Messer zu Brei zerdrücken. Zitronensaft unterrühren. Mit der weichen Butter vermischen.

TIPP: *Heute kann man statt Hering auch zwei Sardellen nehmen.*
Zu meiner Zeit war die Heringsbutter auf dem Brötchen mit einer Scheibe Ei und Gurke etwas ganz Besonderes.

Frühlingsbutter

50-75 g Matjesfilets,
1 hartgekochtes Ei, 25 g Kräuter (Schnittlauch und Petersilie),
50 g weiche Butter,
75 g Kräuterfrischkäse,
1 kleiner Spritzer Zitronensaft

Gewässerten Fisch in ganz kleine Würfel schneiden. Gekochtes Ei klein würfeln. Kräuter klein hacken. Butter mit Frischkäse und einem Spritzer Zitronensaft cremig rühren. Alles mit der gewürfelten Masse verrühren. Schmeckt auf Brothappen oder Brötchen. Kann mit kleinen Tomatenecken, Gewürzgurken und Eierscheiben garniert werden.

Bärlauchbutter

40 g Bärlauchblätter,
100 g Butter, 1 Prise Salz

Die gewaschenen und trocken getupften Bärlauchblätter auf einem Brett zerschneiden und mit dem Wiegemesser zerkleinern. Alles mit dem Löffel unter die weiche, cremig gerührte Butter rühren, evtl. mit Salz abschmecken.
Bärlauchbutter auf Semmel oder frischem Brot hat ein mildes Knoblaucharoma.

TIPP: *Zu einer Rolle geformt, in Folie gewickelt kann Bärlauchbutter eingefroren werden und viele Speisen verfeinern.*

Bärlauchpesto

40 g gemahlene weiße Mandeln,
40 g Bärlauchblätter,
175 ml Olivenöl,
30 g geriebener Parmesankäse,
Salz, Pfeffer,
1 Spritzer Zitronensaft

Die gemahlenen Mandeln in der trockenen Pfanne rösten und mit zerschnittenen Bärlauchblättern mit dem Pürierstab pürieren. Nach und nach das Öl zugießen und pürieren, bis eine cremige Masse entsteht. Parmesankäse untermischen. Mit Salz, Pfeffer und Zitronensaft abschmecken.

Sommersalat mit Geschnetzeltem

250-300 g Geschnetzeltes,
1 EL Öl,
1 kleiner Friseesalat oder anderer gekräuselter Salat,
4-5 kleine Tomaten,
1-2 EL Sahne,
1-2 EL Schmand,
Salz, Pfeffer, Zucker,
1-2 TL Zitronensaft,
2 EL Walnusskerne

Das in Streifen geschnittene Fleisch (Putenschnitzel, Hähnchenbrustfilets o.ä.) in wenig Öl in wenigen Minuten ringsum bräunlich braten. Leicht salzen und pfeffern, aus der Pfanne nehmen. Mit dem kleingerupften Salat vermischen. Kleine Tomatenhälften oder -viertel und leicht geröstete Walnusskerne unterheben.
Sahne-Schmand-Gemisch verquirlen. Mit Salz, Pfeffer, Zucker und Zitronensaft vermischen. Vorsichtig unter den Salat heben oder nur darüber träufeln.

TIPP: *Statt Geschnetzeltem können auch Lachsstreifen oder in Streifen geschnittene Forellenfilets verwendet werden.*
Kleine Mangofächer sind nicht nur eine schöne Dekoration, sie verleihen dem Salat eine ganz besondere Note.

Wurstsalat

250 g Fleischwurst,
100 g Schnittkäse,
je ein kleines Stück rote, grüne und gelbe Paprika (für die Optik),
wenig Öl (am besten Traubenkern- oder Walnussöl)

Wurst und Käse in ganz dünne Streifen schneiden. Mit dünnen Paprikastreifen vermischen. Alles mit einem guten Öl vermengen.

Ein feiner, milder Salat, der mit wenig Aufwand schnell zubereitet ist und sehr gut schmeckt.

Sauerkrautsalat

250 g Sauerkraut,
1 kleine, hell geröstete Zwiebel,
1 TL Öl,
1 Apfel,
1 EL Kräuterfrischkäse,
1/2 Tasse Weinbeeren (grün oder blau)

Sehr saures Kraut etwas ausdrücken. Dünne Zwiebelringe in wenig Öl leicht anrösten und abgekühlt mit dem kleingeschnittenen Sauerkraut vermischen. Geraspelten Apfel zugeben und alles mit dem Frischkäse vermischen. Weinbeeren unterheben, große Beeren halbieren und die Kerne entfernen.

Schneller Sauerkrautsalat

Sauerkraut,
Salz, Pfeffer,Zucker,
Traubenkernöl,
geraspelte Möhre

Saures Kraut etwas ausdrücken, damit die evtl. Flüssigkeit weg ist. Kraut etwas klein schneiden, auflockern, mit wenig Salz, Pfeffer und Zucker mild abschmecken. Traubenkernöl oder anderes gutes Öl mit Hilfe von zwei Gabeln unterheben, so dass alles gut vermischt ist. 1 Stück Möhre raspeln und den Salat damit bestreuen.

„Bockei“ oder Reiter auf dem Pferd

(für 1 Person)

1 Bockwurst,
1/2 EL Öl,
1 Spiegelei,
1/2 EL Butter

Die Bockwurst je Zentimeter etwas einschneiden und im heißen Öl langsam ringsum braun braten, nicht zu dunkel! Spiegelei in etwas Butter braten und über die Bockwurst legen. Von dem schönen Muster in der eingeschnittenen Wurst soll noch etwas zu sehen sein.
Dazu Kartoffelsalat oder eine Semmel reichen.

Bockei war zu DDR-Zeiten sehr bekannt und beliebt, zumal Bockwürste knapp waren.

Geflügelleber mit Rührei

(für 2 Personen)

1 große Zwiebel,
1 EL Öl,
250 g Leber, 2 TL Mehl,
1 Tasse Wasser,
4 Eier, Salz, Pfeffer,
1 EL Butter,
Schnittlauchröllchen

Zwiebelringe in wenig Öl anrösten. Leber in große Stücke schneiden, in Mehl wenden, dann im heißen Öl ringsum braun braten. 1/2 Tasse Wasser zugeben und weich schmoren. Eier mit restlichem Wasser verquirlen, mit Salz und Pfeffer würzen und in heißer Butter locker mit einem Löffel verrühren. Es soll nicht ganz verquirlt sein!
Anrichten: Leber in die Mitte vom Teller geben, Zwiebelringe darüber, das Rührei drum herum verteilen und dick mit Schnittlauchröllchen bestreuen. Dazu schmeckt knusprig-frisches Landbrot.

TIPP: *Das Rührei nicht zu fest werden lassen, es soll locker bleiben.*

Waldpilztarte

(für 2-3 Personen)

Teig:

175 g Dinkelmehl,
1/2 Päckchen Trockenhefe,
knapp 100 ml Wasser,
1 EL Öl, 1 Prise Salz

Belag:

300 g geputzte Waldpilze oder braune Champignons,
30 g kleine Speckwürfel,
1 große Zwiebel,
1 EL Butter,
150 ml Milch, 50 ml Sahne,
1/2 TL Salz, Pfeffer,
50-70 g Reibekäse

Mehl mit Hefe vermischen. Wasser, Öl und Salz unterkneten. Teig eine halbe Stunde zugedeckt gehen lassen. Nun dünn auf ein gefettetes Tortenblech (26 oder 28 cm Ø) oder auf die Hälfte eines Kuchenblechs ausrollen. Rand hochziehen ist nicht nötig. Mit einer Gabel mehrmals einstechen.

Pilze in Scheiben schneiden. Kleine Speck- und Zwiebelwürfel mit der Butter in einer Pfanne zerlassen, die Pilze unterrühren und braten, bis die Flüssigkeit eingekocht ist. Milch und Sahne darüber gießen und so lange köcheln, bis alles ziemlich gebunden ist. Mit Salz und Pfeffer würzen. Die Pilzmasse auf dem Teig verteilen, evtl. noch 2 bis 3 Esslöffel Milch darüber geben, damit es nicht zu trocken wird. Mit Reibekäse bestreut im Ofen fertig backen.

Backzeit: 20-30 Minuten
Backhitze: 200 °C

Auch mit Champignons ein wirklich leckeres Abendessen.

Gerscher Fettnapf

250 g fetter Speck,
1 kleine Zwiebel,
1/2 kleiner Apfel,
Salz, Pfeffer,
1-2 TL Majoran

Den Speck in kleine Würfel schneiden und in einer Pfanne langsam ausbraten. Feine Zwiebel- und Apfelwürfel mit etwas Salz, Pfeffer und Majoran zum Speck geben. Sind Zwiebel- und Apfelwürfel leicht angeröstet, in einen kleinen Steintopf oder eine Schüssel geben. Zwischendurch mal durchrühren, damit sich alles gut verteilt.

Schmeckt auf frischem Brot und zu eingelegten Gewürz- oder sauren Gurken.

Gewürzgurken einwecken

(für 5-6 Gläser)

2 kg kleine Freilandgurken,
Zwiebeln in Spalten geschnitten,
evtl. Chilischoten,
2 l Wasser,
400 ml Essig,
6 EL Zucker,
3 EL Salz,
6 Nelken,
Dill, Senfkörner, Piment,
Pfefferkörner, Lorbeerlaub

Gurken säubern, mit der Gabel einstechen und über Nacht in leichtes Salzwasser legen.
Die 2 l Wasser mit Essig und Gewürzen aufkochen lassen. Der Sud soll kalt sein, wenn er über die Gurken gegeben wird.
Am nächsten Tag Gurken abgießen. Kleine Gurken ganz, größere geschnitten in 5 bis 6 Gläser schichten. Zwiebelspalten dazugeben, evtl. auch kleine Chilischoten. Den Sud über die Gurken in den Gläsern geben. Gläser verschließen und im Einwecktopf bei 75 °C 25 Minuten erhitzen. Die Gläser noch heiß mit einem Tuch abdecken und vor Zugluft geschützt erkalten lassen.

Im Topf zwei kleine Gurken lagen.
Da hörte ich die eine fragen:
Warum, Gevatterin, sind wir sauer,
Erklär mir das doch mal genauer!
Darauf die andere tiefbewegt:
„Na, ja, man hat uns reingelegt."

Holunderblütensirup

10 große Holunderblütendolden,
1 l naturtrüber Apfelsaft,
500 g Zucker, 4 Stängel Minze

Holunderblüten zwei Tage in Apfelsaft im Kühlschrank ziehen lassen, dann durch ein Sieb in einen großen Topf abgießen. Mit Zucker und Minzestängeln 5 Minuten unter Rühren kochen. Danach in sterile Twist-Off-Flaschen oder Gläser abfüllen.

TIPP: Nicht nur Selterwasser schmeckt mit diesem Sirup wunderbar, auch Sekt lässt sich mit einem Schuss Holunderblütensirup verfeinern.

Holunderblütenlikör

500 g Zucker,
1 1/2 l Wasser,
50 ml Zitronensäure,
15 Holunderblütendolden,
1 1/2 l klarer Schnaps (Doppelkorn)

Zucker und Wasser abkochen und erkalten lassen. Zitronensäure und Holunderblüten dazugeben. Nun 24 Stunden ziehen lassen. Dann durch ein Seihtuch (evtl. Geschirrtuch) abseihen und mit dem Schnaps vermischen.

Das ist schon mehr ein Schnaps, den man mit Selterwasser oder Sekt verdünnen kann.

Schnelle Nachspeisen

Waldmeisterspeise

(für 3-4 Personen)

reichlich 1/2 Päckchen Waldmeister-Götterspeise,
5 EL heißes Wasser,
1 EL Zitronensaft,
125 g Quark (20 %),
75 ml Waldmeistersirup,
200 ml Schlagsahne,
1 Päckchen Sahnesteif,
evtl. etwas Zucker,
Vanillesoße,
gehackte Walnüsse

Götterspeisepulver im warmen Wasser mit Zitronensaft auflösen und mit dem Quark schnell und gründlich vermischen. Waldmeistersirup unterschlagen. Die mit Sahnesteif (und evtl. etwas Zucker) geschlagene Sahne mit dem „Geizhals" oder dem Löffel untermischen (keinen Schneebesen verwenden!).
Vanillesoßespiegel auf Teller geben, jeweils etwas Waldmeisterspeise aufsetzen und mit Walnüssen (evtl. geröstet) garnieren.

vorn: Quarkspeise auf Himbeerspiegel
links: Waldmeisterspeise
hinten: Himbeerwölkchen mit Baiser

Himbeerwölkchen mit Baiser

(für 6-8 Personen)

1 Päckchen Himbeeren (TK),
30 g Baiserplätzchen,
400 ml Schlagsahne,
2 Päckchen Vanillezucker

Gefrostete Himbeeren in eine Glasschale geben. Baiserplätzchen grob darüber bröckeln. Mit Vanillezucker geschlagene Sahne darüber geben. Erst kurz vor dem Verzehr alles vermischen. Mit ein paar frischen Himbeeren garnieren.

Eine ganz besonders feine Speise.

TIPP: *Baiserplätzchen gibt es beim Bäcker oder im Supermarkt zu kaufen. Man kann sie aber auch selbst herstellen.*

Baiserplätzchen

1 Eiweiß,
1 TL Zitronensaft,
50 g Staubzucker

Eiweiß mit Zitronensaft sehr steif schlagen. Nach und nach Staubzucker einrieseln lassen und so lange schlagen, bis der Schnee ganz fest ist und glänzt. In einen Spritzbeutel füllen und auf ein mit Backpapier ausgelegtes Blech Röschen spritzen. Backen. Erkaltet luftdicht verpacken, damit sie nicht weich werden.

Backzeit: 50-60 Minuten
Backhitze: 100 °C

Orangencreme
(für 2 Personen)

250 ml Orangensaft (Flasche),
1 EL Zucker (nach Geschmack),
1 Päckchen Vanillesoßenpulver,
100 ml Schlagsahne,
1 Päckchen Sahnesteif
1 Päckchen Vanillezucker,
1 Orange

Von Orangensaft, Zucker und Soßenpulver einen Pudding kochen. Sahne mit Sahnesteif und Vanillezucker steif schlagen und mit dem erkalteten Pudding vermischen.
Dabei die Hälfte der Sahne mit dem Pudding gründlich verrühren, damit die Creme schön glatt wird. Den Rest der Sahne nur unterziehen. Mit Orangenspalten garnieren.

Preiselbeerspeise
(für 3-4 Personen)

2 Eier, getrennt,
1/2 l Milch,
1 Päckchen Vanillepuddingpulver,
2 EL Zucker,
2 EL Preiselbeeren (Konserve)

Zwei Eigelb mit etwas Milch, und dem Puddingpulver verquirlen und einen Pudding mit 1 EL Zucker kochen. In Schalen füllen.
2 Eiweiß mit 1 EL Zucker steif schlagen, die abgetropften Preiselbeeren dazugeben und weiter schlagen, bis ein rosa Schaum entsteht, auf den Pudding geben. Evtl. mit einigen Preiselbeeren bestreuen.

__TIPP:__ Diese Speise erst kurz vor dem Verzehr (ca. 1/2 Std.) zubereiten

Rum-Karamell-Creme

(für 3-4 Personen)

25 g Zucker, 300 ml Milch,
1 Eigelb,
1/2 Päckchen Vanillepuddingpulver,
5 EL Rum,
200 ml Schlagsahne,
1 Päckchen Vanillezucker,
4 EL Krokant

Zucker im Topf langsam karamellisieren, dabei gut rühren. Mit ca. 180 ml Milch ablöschen, langsam köcheln lassen, bis der Zucker gelöst ist.
Rest Milch mit Eigelb und Puddingpulver verquirlen und mit der Karamellmilch zu einem nicht zu dicken Pudding kochen. Rum gut einrühren.
Sahne mit Vanillezucker steif schlagen und erst eine kleine Menge davon unter den Pudding rühren, dann den Rest unterheben. Mit Krokant bestreuen.

Stracciatellacreme

(für 2 Personen)

1 TL gem. Gelatine, 3-4 EL Wasser,
150 g Vanillejoghurt,
100 ml Schlagsahne,
1/2 Päckchen Sahnesteif,
1 Päckchen Vanillezucker
Bitterschokolade

Die im warmen Wasser aufgelöste Gelatine mit dem Joghurt flott verrühren. Die mit Sahnesteif und Vanillezucker steif geschlagene Sahne vorsichtig unterheben.
Etwas Schokolade grob hacken und unterheben.

TIPP: *Man kann auch fertige Schokoraspeln nehmen, sie haben aber nicht so viel Geschmack.*

Quarkspeise auf Himbeerspiegel

200 g Himbeeren, 2 EL Wasser,
2 EL Zucker,
evtl. 1 TL Speisestärke
250 ml Milch,
1 Päckchen Vanillesoßenpulver,
250 g Quark 20%

Himbeeren mit Wasser und 1 EL Zucker kochen und pürieren. Ist das Püree zu dünnflüssig, mit Speisestärke binden und abkühlen lassen.
Vanillesoßenpulver mit Milch und 1 EL Zucker kochen, abgekühlt unter den Quark rühren.
Himbeerpüree als Spiegel auf Tellern verteilen und den Vanillequark daraufsetzen.

„Schokoladentorte“

100 g Butter,
100 g Zucker,
4 Eigelb,
100 g geriebene Schokolade,
100 g grob gehackte Mandeln,
1 EL Mehl,
1 TL Backpulver,
1 TL Kakao,
4 Eiweiß

Butter, Zucker und Eigelb gut verschlagen. Nun die übrigen Zutaten nacheinander untermischen. Zum Schluss das steif geschlagene Eiweiß unterziehen. In einer Springform (24-26 cm Ø) gleichmäßig verteilen und backen.

Backzeit: 30-40 Minuten
Backhitze: 180-200 °C

Diese „Torte“ ist kein locker luftiges Kaffeegebäck, sondern wurde früher in ganz kleine Portionen zerteilt und mit Schlagsahne als Nachspeise gereicht.

Quarksahnecreme mit Erdbeeren

300 g Magerquark,
1 EL Staubzucker,
1 Päckchen Vanillezucker,
150 ml Schlagsahne,
250 g Erdbeeren,
1 EL Staubzucker,
2 EL Orangensaft,
Baiserplätzchen nach Wunsch

Quark mit Staubzucker und Vanillezucker gut verrühren. Steifgeschlagene Sahne unterziehen. Erdbeeren klein schneiden, mit Staubzucker und Orangensaft vermischen. 6 bis 8 Schälchen bereit stellen und die Quarksahnecreme darauf verteilen. Mit dem Erdbeerkompott bedecken und obenauf ein Baiserplätzchen setzen.

Zitronencreme

(für 3 Portionen)

1 Ei, 2-3 EL Zucker,
250 ml Wasser,
1 TL abgeriebene Zitronenschale,
2-3 EL Zitronensaft,
1 Päckchen Vanillesoßenpulver

Das Ei trennen. Eiweiß mit Zucker steif schlagen. Eigelb mit allen übrigen Zutaten in einem Topf unter Rühren zum Kochen bringen. Nun das steif geschlagene Eiweiß in die kochende Masse rühren, nochmals kurz aufkochen. Alles in drei Schälchen verteilen, mit Schokoraspeln garnieren.

Eine leichte lockere Sommercreme.

TIPP: Den Zucker am besten teilen und 1 EL mit dem Pudding kochen.

Rote Grütze

(für 6-8 Personen)

150 g Himbeeren,
150 g Johannisbeeren,
100 g Sauerkirschen,
100 ml Wasser,
1 Päckchen Vanillepudding-pulver oder
40 g Speisestärke,
100 g Zucker,
1 EL Zitronensaft,
250 g Früchte extra, z.B. Himbeeren, Erdbeeren, Brombeeren

Die Beeren mit wenig Wasser kurz aufkochen. Den Fruchtbrei mit Puddingpulver oder Speisestärke und wenig Wasser binden. Es soll kein dicker, aber auch kein flüssiger Pudding entstehen. Zucker und Zitronensaft unterrühren und etwas kochen lassen. Die frischen Beeren vorsichtig untermischen und nur kurz aufkochen. Dazu Vanillesoße servieren.

Arme Ritter
(für 2 Personen)

100 g Weißbrot oder Semmelscheiben,
1 Ei, 50-70 ml Milch,
2-3 EL Semmelmehl,
50 g Butterschmalz
1 EL Zucker,
1/2 TL Zimt

8 bis 10 Semmelscheiben in mit Milch verquirltes Ei tauchen, dann in Semmelmehl wenden und im heißen Butterschmalz beidseitig goldbraun und knusprig braten. Auf Tellern mit Zucker und Zimt bestreut servieren. Dazu schmeckt ein Kompott. Vor dem Servieren mit etwas Speisestärke andicken.

Eine praktische und empfehlenswerte altmodische Mahlzeit für den kleinen Hunger.

TIPP: Altbackene Semmeln eignen sich am besten.

Eisschokolade
(für 3-4 Portionen)

300 ml Milch, 2-3 TL Kakao,
1/2 TL Speisestärke,
1 TL Zucker,
1 Päckchen Vanillezucker,
3-4 Kugeln Vanilleeis,
100 g Schlagsahne,
evtl. Schokostreusel

Aus Milch, Kakao, Speisestärke, Zucker und Vanillezucker einen Kakao kochen. Erkalten lassen. Dann in 3 bis 4 Gläser füllen. Jeweils 1 Kugel Vanilleeis hineingeben und mit wenig geschlagener Sahne ein Häubchen aufsetzen.
Nach Geschmack mit Schokostreuseln bestreuen

Schmeckt wie in der Eisdiele – wunderbar!

Scheiterhaufen
(für 2-3 Personen)

2 große, geschälte Äpfel,
1 EL Zucker,
1/2 TL Zimt,
1 TL Butter,
3 altbackene Semmelköpfe,
50 g Rosinen,
1 EL Rum,
1 EL grob gehackte Walnüsse,
1 Ei,
75-100 ml Milch oder Sahne

Apfelscheiben mit Zucker und Zimt bestreuen und in wenig Butter kurz andünsten.
Die halbe Menge in eine gebutterte Auflaufform geben. Semmelköpfe in je vier Scheiben schneiden und dachziegelartig über die Äpfel legen. Rest Apfelscheiben und evtl. noch Semmelscheiben darüber geben. Walnüsse mit den in Rum eingeweichten Rosinen darüber streuen.
Ei mit Milch oder Sahne verquirlen und über den Auflauf gießen, aber nicht ganz bedecken, sonst sieht die Oberfläche nicht schön aus. Der Guss soll unter die Oberfläche sinken, die Ränder der Semmelscheiben sollen gebräunt und knusprig sein.
Im Ofen fertig backen.

Backzeit: 20-30 Minuten
Backhitze: 180-200 °C

Rezeptverzeichnis

Ananaskuchen 14
Apfel-Baiser-Torte 68
Aprikosenkuchen 20
Aprikosen-Marzipan-Kuchen 47
Arme Ritter 115
Aschkloß 86

Baiserplätzchen 110
Bärlauchbutter 99
Bärlauchpesto 99
Bärlauchsuppe 72
Biersuppe auf Thüringer Art 72
Birnenkuchen 12
Birnentorte 66
„Bockei" oder Reiter auf dem Pferd 103
Bohnengemüse 83
Brokkoliauflauf 78
Brokkolicremesuppe 70
Butterkuchen 13

Cappuccinokuchen 44
Chicoree-Geflügel-Auflauf 78

Dominokuchen 34

„Eckolstädter" 52
Eierflockensuppe 73
Eierlikör-Aschkuchen 50
Eisschokolade 115
Erdbeer-Quarkcreme-Torte 61
Erdbeer-Quark-Kuchen 22

Früchte-Napfkuchen 18
Frühlingsbutter 98

Gabelfrühstück 95
Gänsefett 94
Gärtnerinnenkuchen 10
Geflügelleber mit Rührei 103
Geflügelsülze 95
Gemüsepfanne mit Lachsfilets 90
Gemüsetorte 96
Gerscher Fettnapf 106
Gewürzgurken einwecken 106
Gulaschsuppe 73

Hackfleischnudeln, Kerstins schnelle 82
Haferflockenkuchen 40
Hähnchenbrustfilets in feiner Currysahne 74
Hähnchengericht 76
Hähnchen im Gemüsebett 89
Hefeteig Grundrezept 8
Heringsschüssel 92
Himbeerwölkchen mit Baiser 110
Holunderblütensirup 107
Holunderblütenlikör 107

Johannisbeerkuchen 12
Johannisbeer-Marzipan-Torte 54

Kartoffelkuchen Thüringer Art 41
Kartoffelpuffer, knusprige 79
Kartoffelschnitzel mit Bohnengemüse 83

Lebergericht 88
„Liebesbriefe“ 51
Liebeskuchen 28

Mandarinen-Sahnecreme-Schnitten 17
Mandarinen-Streusel-Kuchen 50
Mandelbaiser-Creme-Schnitten 36
Mango-Sahnecreme-Torte 62
Marmortorte 64
Marzipankuchen 53
Mohn-Ananas-Torte 60
Mohn-Bienenstich-Kuchen 30
Mohn-Marzipan-Kuchen 24

Nougatkuchen mit Walnüssen 48
Nussbaiser-Torte 56

Ofenforellen 92
Orangencreme 111

„Perlentorte“ – Quarktorte mit Baiser 57
Pfirsich-Quark-Kuchen, feiner 33
Pfirsichschnitten nach Frau Linse 40
Pilze, gebackene 88
Preiselbeerspeise 111

Quarkkuchen, festlicher 23
Quark-Pudding-Kuchen 32
Quarksahnecreme mit Erdbeeren 113
Quarkspeise auf Himbeerspiegel 112

Rhabarbertorte, schnelle 67
Rinderschmorbraten
mit Champignons 87
Rote Grütze 114
Rote Grütze-Kuchen 42
Rum-Karamell-Creme 112

Sardellenbutter (falsche) 98
Sardinencreme 98
Sauerkirsch-Punsch-Kuchen 46
Sauerkrautsalat 102
Sauerkrautsalat, schneller 102
Scheiterhaufen 116
Schleifchengericht, buntes 80
„Schokoladentorte“ 113
Schoko-Orangencreme-Schnitten 27
Schoko-Sahnecreme-Torte 58
Schwarz-Weiß-Kuchen 16
Schweinelende, gefüllte 84
Sommersalat mit Geschnetzeltem 100
Spargel mit Geschnetzeltem, grüner 77
Spitzpaprika, gefüllte 82
Stachelbeer-Nuss-Kuchen 37
Stachelbeer-Waldmeister-Kuchen 26
Stracciatellacreme 112

Tomatenfisch unter der
Kräuterhaube 93

Waldmeisterspeise 108
Waldpilztarte 104
Wirsing-Hackfleisch-Auflauf 79
Wurstsalat 102

Zitronencreme 114
Zwiebackkuchen 38
Zwiebelpfanne, Weimarer 86